KB274959

공무원 회계학 | 최신개정판　2026

사경인
프레임회계학
정부회계

좋은땅

정부회계도 좀 알아먹게 공부해보자!

2007년(지방자치단체)과 2009년(중앙정부)에 도입된 정부회계는 그 역사가 길지 않습니다. 대부분의 회계학 강사나 교수님들이 정부회계를 배워보지 않았고 실무를 경험할 기회도 없었기에, 정부회계를 가르치거나 교재를 집필하는 것은 쉬운 일이 아닙니다. 그러기에, 상당수의 정부회계 교재가 그저 법조문을 그대로 복사해서 나열한 수준으로 집필되어 있습니다. 정부회계가 그저 단순 암기과목으로 취급되는 이유도, 그 내용을 제대로 이해하고 가르치는 분들이 적기 때문입니다.

저는 군 복무 시절 국방부의 복식부기 도입 프로젝트에 참여하며 정부회계의 철학과 구조를 접할 기회를 얻었습니다. 그 경험 덕분에 법 규정의 취지와 실제 적용 과정을 함께 이해할 수 있었고, 이를 바탕으로 수험생이 정부회계를 이해하며 공부할 수 있는 교재를 만들고자 했습니다. 이 책을 집필하며 차별화한 부분은 다음과 같습니다.

1   이해를 중심에 두었습니다.

이론서의 목적은 이해입니다. 일차적으로 이해를 한 다음, 그 다음 단계로 이해한 내용을 요약정리하고 암기하는 것이 필요합니다. 저자의 강의를 듣지 않는 사람도 이해가 가능하도록, 강의를 들은 사람은 언제든 책을 다시 펼치면 이해했던 내용이 다시 떠오르도록 집필하였습니다. 법 규정을 단순히 복사해서 붙인 것이 아니라, 내용을 이해할 수 있도록 글로 써내려 갔습니다.

2   과학적인 공부법을 접목하였습니다.

메타인지, 인출효과, 교차학습 등 학습 효과가 검증된 이론들을 수험 환경에 맞게 반영했습니다. 독자가 공부 과정에서 자연스레 '잘 배우고 기억하는 방식'을 경험할 수 있도록 여러 코너를 구성했습니다.

3   공무원 시험 기출문제를 최대한 담아냈습니다.

별도의 기출문제집 없이도 학습이 가능하도록 그동안 출제된 대부분의 기출문제를 반영했습니다. 개정된 내용이 있는 경우에도 문제를 삭제하기보다는 현행 기준에 맞게 조정하여 최대한 포함했습니다.

4 **국가회계와 지방자치단체회계를 비교할 수 있도록 집필하였습니다.**

정부회계는 국가회계(중앙정부)와 지방자치단체회계의 차이점을 묻는 문제가 자주 출제됩니다. 국가회계와 지방자치단체회계로 구분하여 집필된 시중의 수험서들과는 달리, 각각의 주제에 대해 유사점과 차이점을 바로 확인하고 정리할 수 있도록 각각의 주제를 비교식으로 작성하여 집필하였습니다.

수험서의 목적은 오직 하나입니다. 독자의 합격!
이 책이 여러분의 노력에 작은 디딤돌이 되기를 진심으로 바랍니다.

2025년 12월

사경인 씀

시작 1 입문 2 기본이론

강의 입문자를 위한 사경인 프레임회계학 첫걸음

교재 강사배포 특별자료

회계학을 접해 본 적이 없는 수험생에게 공무원회계학에 대한 진입장벽과 부담감을 낮춰주는 과정입니다. 낯선 용어와 복잡한 이론으로 어렵게 느껴지는 회계학에 대해 다양한 사례와 이야기를 통해 쉽게 접근하고 흥미를 가질 수 있게 도와드립니다. 회계에 관하여 꼭 알아야 할 기본원리를 가장 쉽고 정확하게 배울 수 있습니다.

강의 회계학 기본개념 완성(재무회계 편)

교재 사경인 프레임회계학 재무회계

공무원 시험대비를 위한 필수기본과정입니다. 회계학 이론을 관통하는 프레임을 이해하고 완성해 나갑니다. 단순한 주제의 나열이 아닌, 왜 그렇게 되어야 하는지 배경과 원리를 이해함으로써 자연스럽게 이론이 습득되도록 하는 과정입니다.

강의 회계학 기본개념 완성(원가회계/정부회계 편)

교재 사경인 프레임회계학 원가회계/정부회계

공무원시험에 최적화된 원가회계 및 정부회계 강좌로 방대한 원가회계와 정부회계의 내용에 대한 부담을 덜어내고 시험에 나올 수 있는 핵심이론을 깔끔하게 정리합니다. 재무회계와 마찬가지로 일관된 프레임을 통해 출제의 핵심포인트를 잡아낼 수 있는 과정입니다.

5 심화

강의 7급 대비 플러스 강좌

교재 7급 플러스 회계학/7급 실전동형 모의고사

9급에서는 출제가능성이 극히 낮지만, 7급 시험에 출제될 가능성이 남아 있는 특수주제들에 대해 공부하고, 실전모의고사를 통해 시험대비를 완성하는 강좌입니다. 7급 시험에 대비하여 고난도 문제와 심화이론, 기출분석 및 문제풀이를 동시에 완성하는 강의입니다. 9급과는 다른 7급 시험을 대비한 수험전략까지도 접하실 수 있습니다.

합격!

3 기출풀이

강의 사경인 공타기출 회계학

교재 사경인 공타기출 회계학

'회계학은 기출문제만 풀어서는 부족하다'는 고정관념을 깨고, 기출 회독만으로 합격점수를 얻을 수 있도록 업그레이드한 과정입니다. 공무원 기출문제에만 한정하지 않고, 타시험(보험계리사, 관세사, 감정평가사, 세무사, 회계사) 기출문제 중 공무원시험에 응용출제 가능한 문제까지 담아냈습니다. '공무원 기출 + 타시험 기출'을 통해 응용문제까지 완벽히 대비하는 사경인 교수님 만의 독보적인 강좌입니다.

4 문제풀이

강의 사경인 양치기 모의고사 1, 2/말문제 하프 모의고사

교재 사경인 양치기 모의고사 1권, 2권/사경인 회계학 말문제 하프 모의고사

단기간에 합격하기 위해서는 강의 듣는 시간을 줄이고, 문제 푸는 시간을 늘려야 합니다! 특히 주제별 문제풀이가 아닌, 주제가 뒤섞여 있는 모의고사를 많이 풀어봐야 합니다. 주제별로 문제를 푸는 것은 상대방이 무슨 공을 던지는지 알고 타석에 들어서는 것과 같습니다. 연습할 때는 칠 수 있지만, 실제 시합에서는 수 싸움에 뒤지게 됩니다. 객관식 시험은 실전과 유사한 많은 문제를 풀어보는 것만으로 점수를 올릴 수 있습니다. 국가공인자격시험 출제위원장이었던 교수님이 직접 출제한 압도적인 분량(25회 × 2권 = 50회, 말문제 하프 20회)의 모의고사를 통해 점수를 극적으로 끌어 올리는 독보적인 과정입니다.

O 구성과 특징

단원가이드

매 단원 공부해야 할 내용에 대한 가이드를 제시합니다.
이전 단원과의 차이점은 무엇이고 어떤 흐름을 이어 나가
는지 확인해 볼 수 있습니다. 시험에 효율적으로 대비하기
위한 접근법도 제시합니다.

기출연도 및 출제횟수 표시

수험에서 모든 이론공부는 결국 기출문제를 맞히기 위한
과정입니다. 본문에 직접 해당주제가 기출된 연도를 기재
하고, 기출횟수를 표시함으로써 수험생 스스로 학습에 강
약을 조절할 수 있도록 하였습니다.

메타인지

공부를 잘하는 학생과 못하는 학생 사이에 중요한 차이점
중 하나가 바로 '메타인지'입니다. 자신이 무엇을 알고 무
엇을 모르는지, '나 자신을 아는 것'이 공부의 출발점입니
다. 매 단원 시작마다 간단한 O/X퀴즈를 통해 자신의 현
재 위치를 확인해 보세요. 이를 통해 아는 것보다는 모르
는 것에 시간을 집중함으로써 효율을 높이고, 모르는 부분
을 줄여나가 공부범위를 축소해 나가는 것이 단기합격의
지름길이 됩니다.

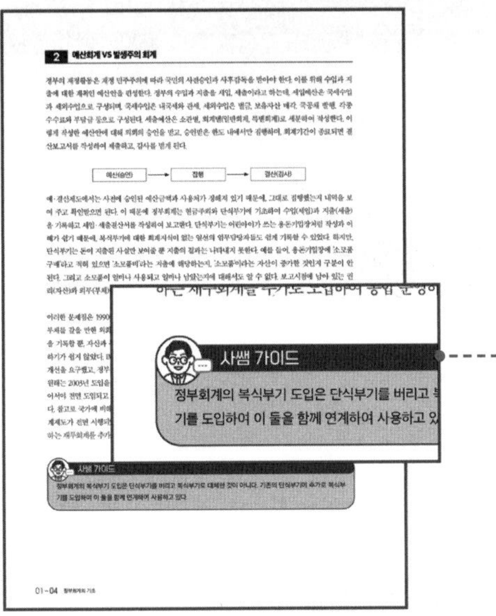

사쌤가이드

강사의 목소리를 느낄 수 있도록 강의 중에 강조하는 내용과, 이론을 이해하는 데 도움이 되는 이야기를 담았습니다. 독학을 하는 수험생도 좀 더 쉽게 공부를 할 수 있게 하고, 강의를 듣는 수험생은 언제라도 다시 책을 펼쳐 들면 강의 때 이해했던 내용이 되살아날 수 있도록 도움을 줄 것입니다.

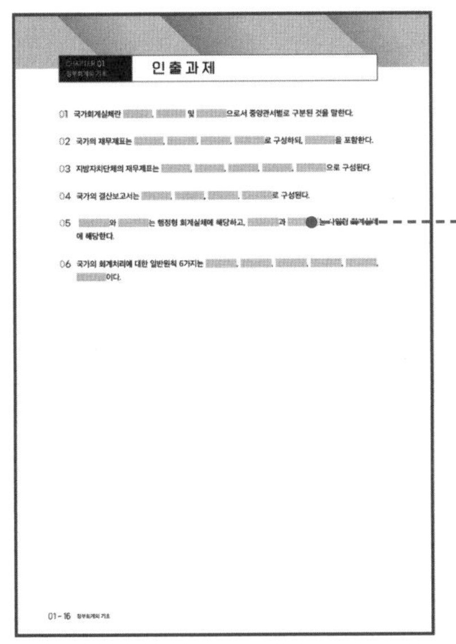

인출과제

시험과 함께 학습효과가 높은 두 번째 방법은 인출입니다. 강사들이 책을 보지도 않고 내용을 술술 말할 수 있는 것은 그 내용을 완전히 이해하고 자신의 것으로 만들었기 때문입니다. 이렇게 스스로 정리해서 꺼내 보는 연습이야말로 최상의 공부법입니다. 책을 통해서 수험생에게 발표를 시킬 수는 없지만, 답이 주어지지 않은 인출과제를 채우도록 고민하는 과정에서 간접적인 인출효과를 느낄 수 있도록 하였습니다. 답이 적혀 있지 않은 과제에 대해 고민하고 의심하는 매 순간이 당신의 실력과 점수를 올려주는 투자가 됩니다.

주요기출 및 연습문제

공무원 시험에 기출된 주요 문제를 담았습니다. 실제 응시생들의 정답률에 따라 기본/필수/심화로 난이도를 구분하였으며, 동시에 다른 자격시험의 응용문제도 추가하였습니다. 별도의 기출문제집을 보지 않더라도 기본서만으로 기출문제와 응용문제까지 충분히 회독할 수 있습니다.

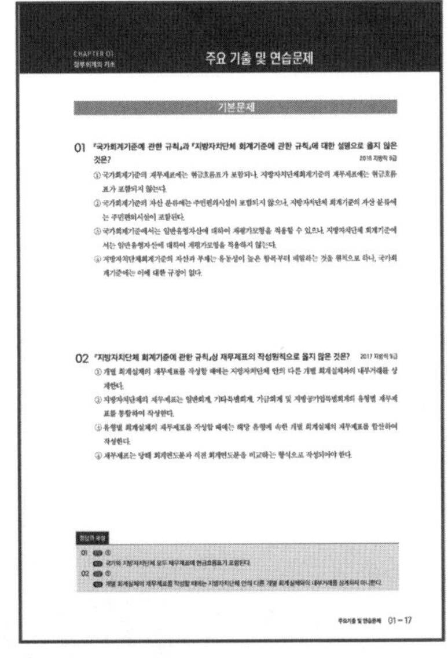

CONTENTS 차례

CHAPTER 03 자산과 부채의 평가

부록 정부회계 관련 법률 규정

01

정부회계의 기초

정부회계에 대한 기초내용을 배우고, 국가회계기준과 지방자치단체회계기준의 총칙을 다루는 단원이다. 기업회계와 정부회계가 어떻게 다른지, 이론적 배경을 이해하면 정리가 쉽다. 시험에서는 국가회계와 지방자치단체회계의 차이점을 묻는 문제가 많이 출제되기 때문에 둘의 공통점과 차이점을 정리해 두어야 한다.

메타인지

01 기업과 마찬가지로 정부도 이윤추구를 목적으로 한다. （ ○ | × ）

02 정부회계에서는 미래경제적효익이 없는 자산도 존재한다. （ ○ | × ）

03 정부의 수익은 교환수익과 비교환수익으로 구분할 수 있다. （ ○ | × ）

04 정부회계도 복식부기를 사용한다. （ ○ | × ）

05 중앙정부(국가)와 지방정부(지방자치단체)는 서로 다른 회계규칙을 적용 받는다. （ ○ | × ）

06 국가의 재무제표에도 주석이 포함된다. （ ○ | × ）

정답

01	×	02	○	03	○	04	○	05	○	06	○

제1절 | 정부회계 개요

1 기업회계와 정부회계의 차이　　기출 13, 19

지금까지 우리가 재무회계와 원가관리회계라는 과목을 통해 배운 회계의 주체는 모두 기업이었다. 기업에 자금을 투자하거나 대여하는 의사결정자들에게 유용한 정보를 제공하기 위하여 기업 혹은 회사라 불리는 회계실체를 주체로 하여 재산상태나 영업성과를 보여 주는 것이 바로 기업회계다. 반면에 정부회계의 주체는 기업이 아닌 정부다. 정부는 행정을 맡아보는 국가기관으로, 나라 살림을 책임지고 다스리는 재정(財政)[1]활동을 수행한다. 집안 살림을 위해 가계부를 작성하고, 기업 살림을 위해 재무제표를 작성하듯이 나라 살림을 위해서도 장부를 작성하는 데 이것이 바로 정부회계다. 정부회계는 지금가지 배운 기업회계와 몇 가지 차이점이 있는데, 주요 차이점을 살펴보면 다음과 같다.

(1) 소유주

정부는 소유주가 없다. 기업의 경우 주주라는 주인이 있는 반면 정부에는 주인이 없다. 물론 국민을 나라의 주인으로 볼 수 있겠지만, 나라를 세울 때 지분을 출자한 것도 아니고 순자산에 대해 배당이나 청구권을 행사할 수도 없다. 이 때문에 정부회계에서는 돈의 주인을 나타내는 '자본'이라는 표현을 쓰지 않고, 자산에서 부채를 빼고 남은 것이라는 의미의 *'순자산'이라는 용어를 사용한다. 기업회계에서 사용하는 자본변동표가 정부회계에서는 '순자산변동표'가 된다. 이 순자산은 공공서비스 제공에 사용될 부분으로, 미래의 세대에게 돌아갈 혜택(0보다 큰 경우)이 되거나 미래세대가 부담할 의무(0보다 작은 경우)가 된다.

(2) 이윤추구

*정부는 이윤추구를 목적으로 하지 않는다. 기업은 기본적으로 (비영리기업을 제외하고는)영리, 즉 이윤추구를 목적으로 한다. 정보이용자도 기업이 얼마나 벌어들였는지, 영업성과에 대한 정보를 궁금해한다. 반면에 정부는 공공서비스를 제공하면서 이윤추구를 목적으로 하지 않는다. 그보다는 국민으로부터 거둬들인 세금을 적법하고 효율적으로 사용하여 양질의 공공서비스를 제공하는 것이 중요하다. 정보이용자도 '얼마나 벌었는지'보다 '어디에 썼는지'를 더 궁금해한다. 이 때문에 기업회계와 다음과 같은 차이점을 보인다.

첫째, '손익계산서'가 아닌 '재정운영표'를 작성한다. 손익계산서는 '수익 − 비용 = 이익'이라는 등식을 통해 회사가 벌어들인 이익의 크기를 보여 준다. 반면에 정부회계에서는 공공서비스를 제공하기 위해 어느 정도의 원가가 발생했는지를 보여 주기 위해 '비용 − 수익 = 순원가'라는 형태의 재정운영표를 통해 발생한 원가의 내역을 보여 준다.

둘째, '미래 경제적 효익'이 없는 자산도 있다. 기업회계에서는 자산의 요건으로 미래 경제적 효익(기준서)이나 경제적효익을 창출할 잠재력(개념체계)을 요구한다. 하지만, 정부회계에서는 이윤추구가 목적이 아니므로 미래 경제적 효익이 없는 공공재 성격의 자산(도로, 항만, 댐 등의 사회기반시설)이 존재한다.

1　이 때문에 기업회계에서 사용하는 재무상태표가 아닌, 재정상태표라는 용어를 사용한다.

셋째, 비교환수익이 존재한다. 경제활동은 각각의 경제주체가 자신의 이익을 위해 물건이나 서비스를 교환하는 행위다. 기업은 원가보다 비싼 가격에 물건을 판매해서 이익을 남기고, 고객 역시 자신이 얻게 되는 효용보다 싼 가격에 물건을 구매해서[2] 이익을 얻게 된다. 이러한 교환을 통해서 기업의 수익이 생겨난다. 하지만 정부가 제공하는 서비스는 이윤추구를 목적으로 하지 않기에 직접적인 대가를 징수하지 않고, 정부가 거둬들이는 세금에 대해서도 반대급부를 제공하지 않는다. 거둬들이는 세금과 제공하는 서비스 간에 직접적인 인과관계가 없는 경우가 대부분이다. 따라서 정부의 수익은 대부분 비교환수익에 해당한다. 이 때문에 수익을 기업처럼 영업수익과 영업외수익으로 구분하지 않고, 교환수익[3]과 비교환수익으로 구분한다.

(3) 예·결산 회계

나랏돈을 대통령이나 공무원이 마음대로 쓸 수 있다면 어떨까? 자신의 권력을 연장하기 위한 인기정책이나, 친인척이 연루된 비리사업에 재원을 몽땅 탕진할 수도 있다. 이러한 횡포를 막기 위해 국가의 모든 재정활동은 국가의 주인인 국민의 허락과 감독을 받도록 하고 있는데, 이를 재정민주주의라 한다. 재정민주주의에 따르면 나랏돈은 국민에 의해 선출된 국회의 의결을 거친 예산에 따라서만 사용할 수 있고, 사용한 후에는 결산절차를 통해 예산대로 사용하였는지 검사를 받도록 하고 있다. 이렇게 예산에 대한 사전승인, 결산에 대한 사후감독을 받는 예·결산 중심의 회계라는 특성을 가지고 있는데 이에 대해서는 뒤에서 다시 자세히 살펴본다.

(4) 정부회계의 목적

기업회계에서 배운 대로 회계의 목적은 '정보이용자의 의사결정에 유용한 정보를 제공하는 것'이다. 정부회계의 목적도 마찬가지로 정보이용자의 의사결정에 유용한 정보를 제공하는 것으로 볼 수 있다. 다만, 정보이용자가 다르기 때문에 의사결정 항목과 유용한 정보의 내용도 다른데 기업회계와 정부회계의 목적을 비교해보면 다음과 같이 정리할 수 있다.

구분	기업회계	정부회계
목적	정보이용자의 의사결정에 유용한 정보를 제공	
정보이용자	투자자, 대여자 그 밖의 채권자	의회, 일반국민(납세자, 유권자, 시민단체), 행정책임자(규제기관) 등
의사결정	기업에 자원을 제공하는 것	의결권(예산승인, 투표, 규제)을 사용
유용한 정보	• 기업에 유입될 미래 순현금유입의 금액, 시기 및 불확실성에 관한 정보 • 기업의 경제적자원에 대한 경영진의 수탁책임에 대한 평가에 도움이 되는 정보	세금을 얼마나 효율적이고 적법하게(예산과 관련 법규의 준수) 사용하였는지(공공회계책임)에 관한 정보
보고 및 작성기준	일반적으로 인정된 회계원칙(GAAP)	국가(지방)재정법, 국가(지방)회계법, 국가(지방자치단체)회계기준에 관한 규칙

2　물건을 구매해서 얻게 되는 효용보다 물건의 가격이 비싸다면 구매하지 않을 것이다. 공무원 시험에 합격해서 얻게 될 효용보다 수험서나 강의의 가격이 비싸다면 지갑을 열겠는가?

3　일반조세가 아닌 공영주차장의 주차요금이나 공공시설의 이용료 등은 교환수익에 해당한다.

정부의 재정활동은 재정 민주주의에 따라 국민의 사전승인과 사후감독을 받아야 한다. 이를 위해 수입과 지출에 대한 계획인 예산안을 편성한다. 정부의 수입과 지출을 세입, 세출이라고 하는데, 세입예산은 국세수입과 세외수입으로 구성되며, 국세수입은 내국세와 관세, 세외수입은 벌금, 보유자산 매각, 국공채 발행, 각종 수수료와 부담금 등으로 구성된다. 세출예산은 소관별, 회계별(일반회계, 특별회계)로 세분하여 작성한다. 이렇게 작성한 예산안에 대해 의회의 승인을 받고, 승인받은 한도 내에서만 집행하며, 회계기간이 종료되면 결산보고서를 작성하여 제출하고, 감사를 받게 된다.

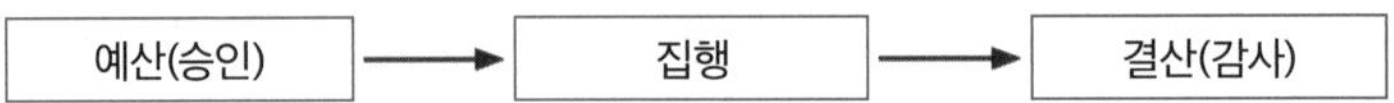

예·결산제도에서는 사전에 승인된 예산금액과 사용처가 정해져 있기 때문에, 그대로 집행했는지 내역을 보여 주고 확인받으면 된다. 이 때문에 정부회계는 현금주의와 단식부기에 기초하여 수입(세입)과 지출(세출)을 기록하고 세입·세출결산서를 작성하여 보고한다. 단식부기는 어린아이가 쓰는 용돈기입장처럼 작성과 이해가 쉽기 때문에, 복식부기에 대한 회계지식이 없는 일선의 업무담당자들도 쉽게 기록할 수 있었다. 하지만, 단식부기는 돈이 지출된 사실만 보여줄 뿐 지출의 결과는 나타내지 못한다. 예를 들어, 용돈기입장에 '소모품 구매'라고 적혀 있으면 '소모품비'라는 지출에 해당하는지, '소모품'이라는 자산이 증가한 것인지 구분이 안 된다. 그리고 소모품이 얼마나 사용되고 얼마나 남았는지에 대해서도 알 수 없다. 보고시점에 남아 있는 권리(자산)와 의무(부채)에 대한 파악이 힘든 것이다.

이러한 문제점은 1990년대 말 외환위기를 겪으면서 더욱 부각되었다. 외환위기는 다른 나라에서 빌린 외화부채를 갚을 만한 외화자산이 부족하여 국제통화기금(IMF)에 돈을 빌린 사건이다. 단식부기는 수입과 지출을 기록할 뿐, 자산과 부채에 대한 기록이 이루어지지 않아 나라의 자산이 얼마이고, 부채가 얼마인지 파악하기가 쉽지 않았다. IMF는 기업의 투명성 뿐만 아니라 공공부문의 투명성까지 요구하면서 정부회계제도의 개선을 요구했고, 정부는 이를 받아들여 1998년 5월 발생주의·복식부기 정부회계의 도입방침을 발표하였다. 원래는 2003년 도입을 목표로 진행하였지만, 제도정비 및 시스템 구축에 오랜 시간이 소요되어 2009년이 되어서야 전면 도입되고 2년간의 시범적용을 거친 후 2011회계연도에 최초로 국가 재무제표가 작성·제출되었다. 참고로 국가에 비해 규모가 작은 지방자치단체의 경우 국가보다 빠른 2007년부터 발생주의·복식부기 회계제도가 전면 시행되었다. 이로 인해 현재 정부회계는 단식부기를 사용하는 예산회계에 복식부기를 사용하는 재무회계를 추가로 도입하여 통합 운영하고 있다.

사쌤 가이드

정부회계의 복식부기 도입은 단식부기를 버리고 복식부기로 대체한 것이 아니다. 기존의 단식부기에 추가로 복식부기를 도입하여 이 둘을 함께 연계하여 사용하고 있다.

정부의 재정과 회계의 관계에 대해 알아보자. 나라 살림을 다스리는 재정활동은 크게 예산과 결산, 기금과 채무의 관리 활동으로 이루어진다. 재정에 관한 내용을 정한 「국가재정법」은 크게 '총칙-예산-결산-기금'의 내용으로 이루어져 있는데, 이 중 결산을 다루는 내용에 다음과 같은 조문이 포함되어 있다.

국가재정법

> 제56조(결산의 원칙) 정부는 결산이 「국가회계법」에 따라 재정에 관한 유용하고 적정한 정보를 제공할 수 있도록 객관적인 자료와 증거에 따라 공정하게 이루어지게 하여야 한다.

재무회계에서 배운 대로, 발생주의 회계에서 계약은 거래에 해당하지 않는다. 마찬가지로 예산을 수립하는 것만으로는 회계상 거래에 해당하지 않는다. 실제 집행이 이루어지고 난 후 결산과정에서 회계가 등장한다. 결산보고서에 재무제표가 첨부되며, 이 재무제표를 국가회계법에 따라 작성하여야 한다. 정부는 결산보고서 외에도 다음과 같은 두 가지 결산서를 작성한다.

국가재정법

> 제57조(성인지 결산서의 작성) ①정부는 여성과 남성이 동등하게 예산의 수혜를 받고 예산이 성차별을 개선하는 방향으로 집행되었는지를 평가하는 보고서(성인지 결산서)를 작성하여야 한다.
> ② 성인지 결산서에는 집행실적, 성평등 효과분석 및 평가 등을 포함하여야 한다.
> 제57조의2(온실가스감축인지 결산서의 작성) ① 정부는 예산이 온실가스를 감축하는 방향으로 집행되었는지를 평가하는 보고서(온실가스감축인지 결산서)를 작성하여야 한다.
> ② 온실가스감축인지 결산서에는 집행실적, 온실가스 감축 효과분석 및 평가 등을 포함하여야 한다.

(1) 국가의 결산

「국가회계법」에 따르면 국가의 결산보고서는 다음과 같이 구성된다.

> 1. 결산 개요
> 2. 세입세출결산(중앙관서결산보고서 및 국가결산보고서의 경우에는 기금의 수입지출결산을 포함하고, 기금결산보고서의 경우에는 기금의 수입지출결산을 말한다)
> 3. 재무제표
>   가. 재정상태표
>   나. 재정운영표
>   다. 순자산변동표
>   라. 현금흐름표
> 4. 성과보고서

결산 개요는 결산을 요약한 내용으로 예산 및 기금의 집행 결과, 재정의 운영 내용과 재무상태를 파악할 수 있도록 작성한다. 세입세출결산은 세입세출예산 또는 기금운용계획과 같은 구분에 따라 그 집행 결과를 종합하여 작성하여야 한다. 재무제표는 「국가회계기준」에 따라 작성하는데, 기업회계와 명칭이 다르다는 점에 주의하여야 한다. 성과보고서는 「국가재정법」 제85조의 6에 따른 성과계획서에서 정한 성과목표와 그에 대한 실적을 대비하여 작성한다.

국가결산보고서는 각 중앙관서의 결산보고서를 통합하여 작성하는데, 그 절차와 일정을 정리하면 다음과 같다.

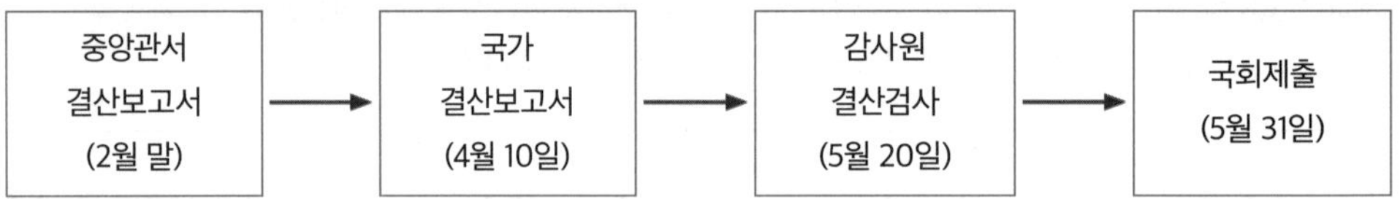

① 중앙관서결산보고서의 작성 및 제출: 각 중앙관서의 장은 「국가회계법」에서 정하는 바에 따라 회계연도마다 작성한 결산보고서(중앙관서결산보고서)를 다음 연도 2월 말일까지 재정경제부장관에게 제출하여야 한다.

② 국가결산보고서의 작성 및 제출: 재정경제부장관은 「국가회계법」에서 정하는 바에 따라 회계연도마다 작성하여 대통령의 승인을 받은 국가결산보고서를 다음 연도 4월 10일까지 기획예산처장관과 감사원에 각각 제출하여야 한다.

③ 결산검사: 감사원은 제출된 국가결산보고서를 검사하고 그 보고서를 다음 연도 5월 20일까지 재정경제부장관에게 송부하여야 한다.

④ 국회제출: 정부는 감사원의 검사를 거친 국가결산보고서를 다음 연도 5월 31일까지 국회에 제출하여야 한다.

(2) 지방자치단체의 결산

지방자치단체의 경우에도 「지방재정법」과 「지방회계법」이 별도로 제정되어 있는데, 결산서는 지방회계법에 따라 다음과 같이 구성된다.

1. 결산 개요
2. 세입·세출 결산
3. 재무제표(주석을 포함한다)
   가. 재정상태표
   나. 재정운영표
   다. 순자산 변동표
4. 성과보고서

국가회계법에서 정한 재무제표에 주석에 대한 내용이 명시되어 있지 않지만, 주석을 포함한 재무제표로 이해해야 한다. 2016년에 제정된 지방회계법은 이 부분을 구체적으로 명시하였다. 또 지방회계법상 재무제표에 현금흐름표가 포함되어 있지 않지만, 「지방자치단체 회계기준에 관한 규칙」에는 현금흐름표를 포함하고 있다. 다만, 해당규정은 적용유예 중이어서 현재 지방자치단체는 현금흐름표를 작성하지 않고 있다.

지방자치단체의 결산수행은 다음과 같이 이루어진다.

① 결산서의 작성 및 검사의뢰: 지방자치단체의 장은 회계연도마다 일반회계·특별회계 및 기금을 통합한 결산서를 작성하여 지방의회가 선임한 검사위원(지방의회는 검사위원의 실명을 공개하여야 한다)에게 검사를 의뢰하여야 한다. 검사위원은 지방자치단체의 장, 지방의회, 그 밖의 이해관계인으로부터 독립하여 공정하게 업무를 수행하여야 하며, 지방자치단체의 장은 결산의 결과를 다음 연도 예산 편성에 반영하도록 노력하여야 한다.

② 결산서의 제출: 지방자치단체의 장은 지방의회에 결산 승인을 요청한 날부터 5일 이내에 결산서를 행정안전부장관에게 제출하여야 한다.

(3) 감사

결산보고서(결산서)의 신뢰성을 높이기 위해서는 이를 검증하는 감사절차가 필요하다. 결산보고서 작성 주체에 따라 감사절차를 구분하여 보면 다음과 같다.

주체의 구분		감사
중앙정부	중앙관서의 장	감사원이 국가결산보고서를 검사한다.
	기금관리주체	중앙관서의 장이 아닌 기금관리주체(기금운용규모가 5천억 원 이상인 경우)는 기금결산보고서에 회계법인의 감사보고서를 첨부하여야 한다.
지방정부	지방자치단체의 장	결산서 중 재무제표는 공인회계사의 *검토의견을 첨부하여야 한다. 결산서는 지방의회가 선임한 검사위원에게 검사를 의뢰하여야 한다.

4 회계실체

기업회계에서 재무제표를 작성하는 회계실체를 보고기업이라 하고, 그 보고기업에 따라 재무제표를 연결재무제표, 비연결재무제표, 결합재무제표로 구분하였다. 정부회계에서는 보고기업 대신 보고실체라 표현할 수 있는데 회계실체를 다음과 같이 여러 관점에서 구분하거나 묶어서 보고실체를 구성할 수 있다.

(1) 국가회계와 지방자치단체회계

지방자치제도를 도입한 우리 나라에서는 중앙정부와 지방정부가 별도로 존재한다. 중앙정부는 나라 전체의 살림을 맡고, 지방정부는 지역의 살림을 맡기 때문에 중앙정부에 해당하는 국가회계와 지방정부에 해당하는 지방자치단체회계가 별도 존재하고 이에 대한 법령과 규칙도 다음과 같이 구분된다.

구분	중앙정부	지방정부
법령	국가재정법, 국가회계법	지방재정법, 지방회계법
시행령	국가회계법 시행령	지방회계법 시행령
시행규칙	국가회계기준에 관한 규칙	지방자치단체회계기준에 관한 규칙

사쌤 가이드

공무원 시험에서 정부회계에 대한 국가직과 지방직의 출제범위는 같다. 즉, 국가직 시험에도 지방자치단체회계에 대한 내용이 출제되며, 지방직 시험에도 국가회계에 대한 내용이 출제된다. 따라서 구분 없이 대비해야 한다.

국가회계의 경우 보고실체는 중앙관서 또는 국가(대한민국정부)가 될 수 있다. 중앙관서는 부(재정경제부, 행정안전부 등), 처(인사혁신처, 법제처 등), 청(국세청, 관세청 등)과 원(국가정보원, 감사원 등), 실(대통령비서실, 국가안보실 등), 위원회(금융위원회, 국가인권위원회 등)로 구성된 각각의 조직을 말한다. 이러한 중앙관서별 재무제표를 통합하여 국가(대한민국정부)의 재무제표가 만들어진다. 지방자치단체회계는 광역자치단체(특별시, 광역시, 도 및 특별자치도)나 기초자치단체(시, 군, 구) 등이 보고실체가 될 수 있다.

(2) 일반회계와 특별회계, 기금

앞에서 언급한 대로 정부는 세입과 세출에 대한 예산을 편성하는데, 그 구분단위가 되는 것이 바로 일반회계와 특별회계라는 회계실체다. 일반회계는 국가예산의 근간이 되는 것으로서 일반 세입으로 일반적 지출을 담당하는 회계다. 소득세, 법인세, 부가가치세, 관세와 같은 조세수입 등을 주요 세입으로 하여 국가의 일반적인 세출에 충당하기 위하여 설치한다. 특별회계는 국가에서 특정한 사업 또는 자금을 운영(양곡·조달·우체국예금·우편사업·책임운영기관 특별회계)하고자 할 때나, 특정한 세입으로 특정한 세출에 충당(농어촌구조개선, 교통시설, 환경개선 특별회계 등)함으로써 일반회계와 구분하고자 할 때 법률로써 설치한다. 보통 정부 부처별로 하나씩 일반회계를 설치하고 특별회계는 필요에 따라 추가로 설치한다. 예를 들어, 외교부는 하나의 일반회계로 구성되어 있지만, 과학기술정보통신부는 하나의 일반회계와 7개의 특별회계(우체국보험특별회계, 우편사업특별회계 등)로 구성되어 있다. 국가의 특별회계는 다시 기업특별회계와 기타특별회계로 구분하고, 지방자치단체의 특별회계는 지방공기업특별회계와 기타특별회계로 구분한다.

특정 사업(공무원연금, 신용보증기금, 복권기금 등)의 경우에는 세입세출예산에 의존하지 않고 지속적이고 안정적인 운용이 필요할 수 있다. 이러한 목적에 의해 법률에 따라 별도로 설치한 것이 바로 기금이다. 기금은 다시 중앙관서의 장이 관리하는 기금과 중앙관서의 장이 관리하지 않는 민간기금으로 구분한다.

일반회계, 특별회계, 기금은 다시 행정형 회계실체와 사업형 회계실체로 나눌 수 있다. 행정형 회계란 징수한 세금 등을 재원으로 하여 공공재를 공급하는 국가의 일반적이고 고유한 행정활동을 수행하는 회계실체를 말하는데 일반회계와 기타특별회계가 여기에 속한다. 사업형 회계란 개별적인 보상관계가 적용되는 독립적인 수익 창출활동을 수행하는 회계실체로 기업특별회계(지방공기업특별회계)와 기금이 여기에 속한다.

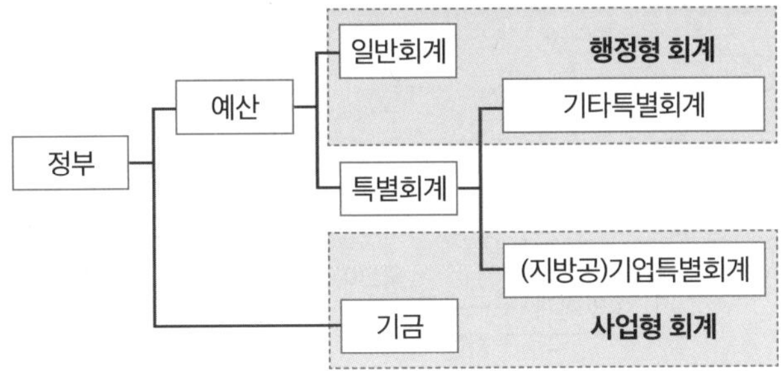

(3) 국고금 회계

'국고금'이란 「국고금 관리법」 제2조에 따른 자산으로서 일반회계, 특별회계, 중앙관서의 장이 관리·운용
하는 기금이 보유하고 있는 "현금및현금성자산"을 말하는데, 쉽게 말해 나라에서 가지고 있는 현금이다.
국고금은 보통 한국은행이나 금고은행의 국가예금 혹은 금융회사 등에 예치한 국고예금으로 보관한다.
국가의 수입은 국세수입과 세외수입으로 이루어지는데, 각 중앙관서가 수취한 국고금을 해당 중앙관서
가 직접 사용할 수는 없다. 국가 세입의 대부분을 차지하는 국세의 경우 국세청과 관세청, 재정경제부(인
지세, 방위세, 교육세, 농어촌특별세)에서 징수를 하고 있는데 이를 해당 부처에서 자신의 수익으로 계상
하고 임의로 사용한다면 어떻게 되겠는가? 따라서 각 중앙관서가 수취한 국고금을 한 군데로 모아 통합
관리하는데, 이러한 목적으로 설립된 회계실체가 바로 '국고금회계'다.

국고금 회계처리지침

> 3. (정의) 이 예규에서 사용하는 용어의 정의는 다음과 같다.
> (1) "국고금"이란 「국고금 관리법」제2조에 따른 자산으로서 일반회계, 특별회계, 중앙관서의 장이 관리·운용
>   (기금의 관리 또는 운용 업무를 위탁한 경우를 포함한다)하는 기금이 보유하고 있는 "현금및현금성자산"
>   을 말한다.
> (2) "국고금회계"란 일반회계, 특별회계 및 기금과 다른 별도의 회계로서 국고로 불입되어 관리되는 수입, 예
>   산의 배정에 따른 지출 및 국고여유자금의 운용 등 국고에 관한 일체의 행위를 하나의 회계에서 모아 회
>   계처리하기 위한 자금관리 회계를 말한다.

각 중앙관서가 수취한 국고금은 재정경제부 산하의 국고금회계에 불입해야 하며, 세출도 예산배정에 의
하여 국고금회계에서 수령하여 집행하게 된다. 다만, 모든 국고금이 국고금회계로 통합되지는 않는다. 세
입세출 예산에 의존하지 않고 운용되는 기금과 자금운용의 특수성을 인정해야 하는 기업특별회계는 국
고금회계에서 제외한다.

구분	일반회계	특별회계		기금	
		기타특별	기업특별	중앙관서의 장이 관리 O	중앙관서의 장이 관리 X
국고금	국고금 O				국고금 X
국고금 회계	국고금 회계 O		국고금 회계 X		

일반회계에서 국고금회계로 국고금을 이전하거나, 반대로 국고금을 수령하는 경우 각각의 회계실체에서 이루어지는 회계처리를 정리하면 다음과 같다.

① 국고금의 수납

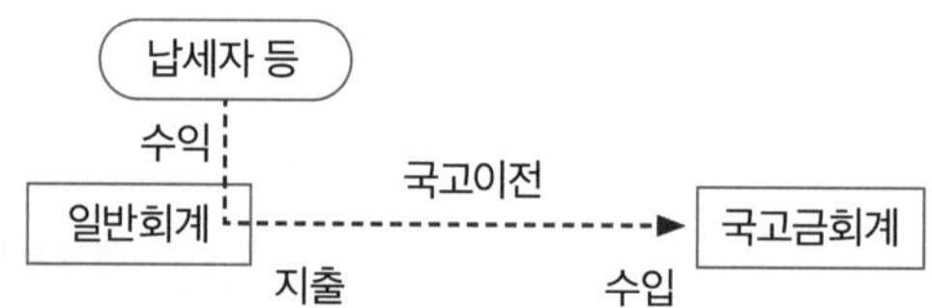

국세수익(기타특별회계의 세입이 되는 국세는 제외한다)을 수납하는 경우에는 일반회계는 국세징수 활동표에 "국세수익"으로 인식(자신이 벌어들인 수익이 아니므로 재정운영표에 인식하지 않는다)하는 동시에 "국고이전지출"로 처리하고, 국고금회계는 "국고이전수입"으로 처리하는 동시에 "한국은행 국가예금"을 증가시킨다.

[일반회계]

(차) 국고이전지출	XXX	(대) 국세수익	XXX

[국고금회계]

(차) 한국은행국가예금	XXX	(대) 국고이전수입	XXX

② 국고금의 지출

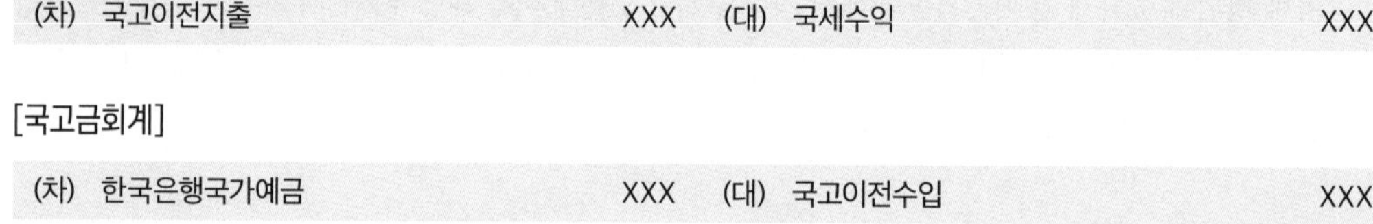

재화 또는 용역의 제공, 자산의 취득, 부채의 상환 등의 사유로 국고금을 지출하는 경우 국고금회계는 "한국은행국가예금"을 감소시키는 동시에 "세출예산지출액"으로 처리하고, 일반회계와 기타특별회계(우체국보험특별회계는 제외한다)는 "국고수입"으로 처리하는 동시에 재무제표에 관련 비용을 인식하거나 자산의 증가, 부채의 감소로 반영한다.

[일반회계]

(차) 비용 등	XXX	(대) 국고수입	XXX

[국고금회계]

(차) 세출예산지출액	XXX	(대) 한국은행국가예금	XXX

제2절 | 총칙

국가회계기준과 지방회계기준은 각각 7개와 8개의 '장'으로 구성되어 있는데, 1장은 공통적으로 '총칙'이다. 총칙은 회계기준에 대한 전반적인 내용을 다루는데, 주제별로 국가회계와 지방자치단체회계의 내용을 살펴보자.

1 회계실체의 범위

(1) 국가회계

국가회계기준에서 정의한 '국가회계실체'란 '일반회계, 특별회계 및 기금으로서 중앙관서별로 구분된 것'을 말한다. 앞에서 살핀 대로, 중앙관서는 일반회계만으로 구성될 수도 있고[4], 필요에 따라 특별회계나 기금을 포함할 수도 있다. 이 경우 개별 회계단위로 구분하여 회계처리를 하되, 재무제표를 작성할 때는 회계단위를 구분하지 않고 통합하여 합계액만 표시한다. 중앙관서별로 회계단위의 구성을 예시하여 보면 다음과 같다(2024년 9월 말 현재).

중앙관서	일반회계	기타특별회계	기업특별회계	기금
병무청	○	-	-	-
교육부	○	지역균형발전특별회계* 유아교육지원특별회계 고등·평생교육지원특별회계	-	사립학교교직원연금기금 사학진흥기금
보건복지부	○	농어촌구조개선특별회계* 지역균형발전특별회계*	국립재활원 국립정신건강센터 국립공주병원 국립나주병원 국립부곡병원 국립춘천병원	국민건강증진기금 국민연금기금 응급의료기금
국세청	○	혁신도시건설특별회계	-	-
조달청	-	-	조달특별회계	-

* 특별회계의 경우 여러 중앙관서에 걸쳐 존재하는 경우도 있다. 지역균형발전특별회계는 21개 관서, 농어촌구조개선특별회계는 7개 관서에 걸쳐 존재한다.

(2) 지방자치단체회계

지방자치단체의 경우 회계실체를 다음과 같이 구분한다.

---

4 예외적으로 일반회계가 설치되지 않고 특별회계만 설치된 중앙관서(조달청, 특허청)도 있다.

① 개별 회계실체: 일반회계 및 특별회계와 기금으로서 재무제표를 작성하는 최소 단위를 말한다.
② 유형별 회계실체: 개별 회계실체를 그 성격이나 특성에 따라 유형별로 구분한 것으로서 일반회계,
   기타특별회계, 기금회계 및 지방공기업특별회계로 구분한다.
③ 통합 회계실체: 유형별 회계실체의 재무제표를 모두 통합하여 재무제표를 작성하는 단위로서 지방
   자치단체를 말한다.

예시로 서울시에 대한 회계실체를 살펴보면 다음과 같다(2024 회계연도 기준).

통합 회계실체	유형별 회계실체	개별 회계실체	
서울시	일반회계	일반회계	
	기타특별회계 (10개)	• 도시철도건설사업비 특별회계 • 교통사업 특별회계 • 광역교통시설 특별회계 • 주택사업 특별회계 • 도시개발 특별회계 • 지역균형발전 특별회계 • 학교용지 부담금 특별회계 • 의료급여기금 특별회계 • 한강수질개선 특별회계 • 소방특별회계	
	지방공기업특별회계 (2개)	• 수도사업 특별회계 • 공기업하수도사업 특별회계	
	기금회계 (20개)	• 통합재정안정화기금 • 중소기업육성기금 • 식품진흥기금 • 기후대응기금 • 도로굴착복구기금 • 양성평등가족기금 • 자원회수시설 주변 영향지역 주민지원기금 • 사회복지기금 • 체육진흥기금 • 재난관리기금	• 남북교류협력 및 평화통일 기반조성기금 • 지역교류협력기금 • 국제개발협력기금 • 도시재생기금 • 관광진흥기금 • 공무원주거안정기금 • 하수도사업회전기금 • 고향사랑기금 • 공공시설등 설치기금 • 박물관·미술관 소장품 구입기금

2 일반원칙

국가와 지방자치단체의 회계처리는 복식부기·발생주의 방식으로 하며, 다음의 원칙에 따라 이루어져야 한다.

① (신뢰성) *회계처리는 신뢰할 수 있도록 객관적인 자료와 증거에 따라 공정하게 이루어져야 한다.

② (이해가능성) *재무제표의 양식, 과목 및 회계용어는 이해하기 쉽도록 간단명료하게 표시하여야 한다.

③ (충분성) 중요한 회계방침, 회계처리기준, 과목 및 금액에 관하여는 그 내용을 재무제표에 충분히 표시하여야 한다.

④ (계속성) 회계처리에 관한 기준 및 추정은 기간별 비교가 가능하도록 기간마다 계속하여 적용하고 정당한 사유 없이 변경해서는 아니 된다.

⑤ (중요성) *회계처리와 재무제표 작성을 위한 계정과목과 금액은 그 중요성에 따라 실용적인 방법으로 결정하여야 한다.

⑥ (실질우선) 회계처리는 거래 사실과 경제적 실질을 반영할 수 있어야 한다.

3 재무제표 기출 13, 16

(1) 국가회계

*****국가의 재무제표는 재정상태표, 재정운영표, 순자산변동표, **현금흐름표로 구성하되, 재무제표에 대한 *주석을 포함한다. 재무제표는 국가의 재정활동에 직접적 또는 간접적으로 이해관계를 갖는 정보이용자가 국가의 재정활동 내용을 파악하고, 합리적으로 의사결정을 할 수 있도록 유용한 정보를 제공하는 것을 목적으로 하는데, 국가가 공공회계책임을 적절히 이행하였는지를 평가하는 데 필요한 다음의 정보를 제공하여야 한다.

① 국가의 재정상태 및 그 변동과 재정운영결과에 관한 정보
② 국가사업의 목적을 능률적, 효과적으로 달성하였는 지에 관한 정보
③ 예산과 그 밖에 관련 법규의 준수에 관한 정보

(2) 지방자치단체회계

**지방자치단체의 재무제표는 재정상태표, 재정운영표, *현금흐름표, 순자산변동표, 주석으로 구성된다. 국가회계와 동일하게 현금흐름표를 포함하고 있다[5]. 기업회계와 달리 정부회계에는 부속서류가 존재했는데, 국가회계의 경우 2025년 개정으로 부속서류가 삭제되었다. 하지만 지방자치단체에는 아직 남아있는데, 부속서류는 필수보충정보와 부속명세서로 한다. 지방자치단체회계기준은 재무보고의 목적에 대해 기술하고 있는데, 지방자치단체와 직간접적 이해관계가 있는 정보이용자가 재정활동 내용을 파악하여 합리적인 의사결정을 하는 데에 유용한 정보를 제공하는 것을 목적으로 한다. 재무보고는 지방자치단체가 공공회계책임을 적절히 이행하였는가 여부를 평가하는 데에 필요한 다음의 정보를 제공하여야 한다.

---

5 앞에서 설명한 대로 해당 규정은 현재까지 적용유예 상태에 있으나, 수험목적상 재무제표의 구성항목에는 포함된다고 기억해야 한다.

① 재정상태·재정운영성과·현금흐름 및 순자산 변동에 관한 정보
② 당기(當期)의 수입이 당기(當期)의 서비스를 제공하기에 충분하였는지 또는 미래의 납세자가 과거에 제공된 서비스에 대한 부담을 지게 되는지에 대한 기간간 형평성에 관한 정보
③ 예산과 그 밖의 관련 법규의 준수에 관한 정보

사쌤 가이드

지방자치단체는 국가회계와 달리 기간간 형평성에 관한 정보를 제공하도록 하고 있다. 국가의 경우 현재 서비스에 대한 부담을 미래의 납세자에게 부담시키더라도 회피하기가 어려우나, 지방자치단체의 경우 다른 지자체로 이주하면 이러한 부담을 회피할 수 있다. 결국 서비스를 이용하는 사람과 이에 대해 부담하는 사람이 달라질 수 있기에 기간간 형평성에 관한 정보를 제공할 필요가 있다.

4 재무제표의 작성원칙

기출 14, 15, 16, 17, 18, 19, 21

(1) 국가회계

재무제표는 다음의 원칙에 따라 작성한다.

① *재무제표는 해당 회계연도분과 직전 회계연도분을 비교하는 형식으로 작성한다.
② 비교하는 형식으로 작성되는 두 회계연도의 재무제표는 계속성의 원칙에 따라 작성하며, 적용 범위, 회계정책 또는 규칙 등이 변경된 경우에는 그 내용을 *주석으로 공시한다.
③ **재무제표의 과목은 해당 항목의 중요성에 따라 별도의 과목으로 표시하거나 다른 과목으로 통합하여 표시할 수 있다.
④ **재무제표를 통합하여 작성할 경우 내부거래는 상계하여 작성한다.

국고금의 수납과 지출(출납)은 국고금의 예수기관인 한국은행에서 취급하는 게 원칙이다. 하지만 조직과 인력이 한정되어 있기 때문에 금융기관의 영업점을 국고대리점으로 지정하고 있고, 출납공무원이나 지출관에게 현금수납과 지출에 관한 사무를 위임하고 있다. 수입금의 수납이나 경비의 지출은 회계연도 말일까지 완료하는 것이 원칙이지만 이에 대한 예외도 존재한다. 예를 들어, 출납공무원이 현금을 수납한 경우 당일 혹은 익일까지 한국은행(또는 우체국)에 불입하여야 하지만 소재지에 한국은행이나 우체국이 없는 경우에는 일정기간 이내에 불입하도록 허용하고 있다. 이런 여러 가지 사정으로 인해 출납이 바로 이루어지지 않을 수 있기 때문에 국고금 관리법 시행령에는 '출납정리기한'을 두어 수납이나 지출을 다음 회계연도 1월 20일까지 할 수 있도록 허용한다. 그리고 이렇게 출납정리기한 중에 발생하는 거래에 대한 회계처리는 *해당 회계연도에 발생한 거래로 보아 처리한다.

(2) 지방자치단체회계

지방자치단체에 대한 재무제표 작성원칙은 다음과 같다.

① ****지방자치단체의 재무제표는 일반회계·기타특별회계·기금회계 및 지방공기업특별회계의 유형별 재무제표를 통합하여 작성한다. *이 경우 내부거래는 상계하고 작성한다.

② **유형별 회계실체의 재무제표를 작성할 때에는 해당 유형에 속한 개별 회계실체의 재무제표를 합산하여 작성한다. 이 경우 유형별 회계실체 안에서의 내부거래는 상계하고 작성한다.

③ **개별 회계실체의 재무제표를 작성할 때에는 지방자치단체 안의 다른 개별 회계실체와의 내부거래를 *상계하지 아니한다. 이 경우 내부거래는 해당 지방자치단체에 속하지 아니한 다른 회계실체 등과의 거래와 동일한 방식으로 회계처리한다.

④ **재무제표는 당해 회계연도분과 직전 회계연도분을 비교하는 형식으로 작성되어야 한다. 이 경우 비교식으로 작성되는 양 회계연도의 재무제표는 계속성의 원칙에 따라 작성되어야 하며 *회계정책과 회계추정의 변경이 발생한 경우에는 그 내용을 주석(註釋)으로 공시하여야 한다.

⑤ 출납 폐쇄기한 내의 세입금 수납과 세출금 지출은 해당 회계연도의 거래로 처리한다.

①, ②, ③의 작성원칙은 사실상 국가회계의 '④ 재무제표를 통합하여 작성할 경우 내부거래는 상계하여 작성한다'와 같은 내용이다. 유형별로 통합하거나, 지방자치단체로 통합하여 작성할 경우 그에 속하는 회계단위 간의 내부거래는 상계하여 작성한다. 다만, 개별 회계실체의 재무제표를 작성할 때는 (통합이 아니므로) 다른 회계실체와의 내부거래를 상계하지 아니한다. ④의 작성원칙도 국가회계의 ①, ②와 같고 ⑤의 경우에도 국가회계의 출납정리기한과 같다. 출납 폐쇄기한 역시 다음 회계연도 1월 20일까지이다. 결국 국가와 지방자치단체의 재무제표 작성원칙은 *국가회계에 '중요성에 따른 통합표시'가 명시되어 있다는 점만 제외하고는 동일하다고 봐도 된다.

사쌤 가이드

「국가회계기준에 관한 규칙」과 「지방자치단체 회계기준에 관한 규칙」은 각각 재무제표 작성원칙, 재정상태표 작성기준, 재정운영표 작성기준을 따로 기술하고 있다. 이때 국가는 재무제표 작성원칙에 '중요성에 따른 통합표시'를 명시하고 재정상태표와 재정운영표의 작성기준에는 이를 별도로 기술하지 않고 있다. 반면, 지방자치단체는 재무제표 작성원칙과 재정상태표 작성기준에는 중요성에 따른 통합표시를 명시하고 있지 않지만, 재정운영표의 작성기준에는 '수익과 비용은 그 발생원천에 따라 명확하게 분류하여야 하며, 해당 항목의 중요성에 따라 별도의 과목으로 표시하거나 다른 과목과 통합하여 표시할 수 있다'고 하여 중요성에 따른 통합표시를 명시하고 있다.

인 출 과 제

01 국가회계실체란 　　　　　, 　　　　　 및 　　　　　으로서 중앙관서별로 구분된 것을 말한다.

02 국가의 재무제표는 　　　　　, 　　　　　, 　　　　　, 　　　　　로 구성하되, 　　　　　을 포함한다.

03 지방자치단체의 재무제표는 　　　　　, 　　　　　, 　　　　　, 　　　　　, 　　　　　으로 구성된다.

04 국가의 결산보고서는 　　　　　, 　　　　　, 　　　　　, 　　　　　로 구성된다.

05 　　　　　와 　　　　　는 행정형 회계실체에 해당하고, 　　　　　과 　　　　　는 사업형 회계실체
　　　에 해당한다.

06 국가의 회계처리에 대한 일반원칙 6가지는 　　　　　, 　　　　　, 　　　　　, 　　　　　, 　　　　　,
　　　　　이다.

기본문제

01 『국가회계기준에 관한 규칙』과 『지방자치단체 회계기준에 관한 규칙』에 대한 설명으로 옳지 않은 것은? 2016 지방직 9급

① 국가회계기준의 재무제표에는 현금흐름표가 포함되나, 지방자치단체회계기준의 재무제표에는 현금흐름표가 포함되지 않는다.

② 국가회계기준의 자산 분류에는 주민편의시설이 포함되지 않으나, 지방자치단체 회계기준의 자산 분류에는 주민편의시설이 포함된다.

③ 국가회계기준에서는 일반유형자산에 대하여 재평가모형을 적용할 수 있으나, 지방자치단체 회계기준에서는 일반유형자산에 대하여 재평가모형을 적용하지 않는다.

④ 지방자치단체회계기준의 자산과 부채는 유동성이 높은 항목부터 배열하는 것을 원칙으로 하나, 국가회계기준에는 이에 대한 규정이 없다.

02 『지방자치단체 회계기준에 관한 규칙』상 재무제표의 작성원칙으로 옳지 않은 것은? 2017 지방직 9급

① 개별 회계실체의 재무제표를 작성할 때에는 지방자치단체 안의 다른 개별 회계실체와의 내부거래를 상계한다.

② 지방자치단체의 재무제표는 일반회계, 기타특별회계, 기금회계 및 지방공기업특별회계의 유형별 재무제표를 통합하여 작성한다.

③ 유형별 회계실체의 재무제표를 작성할 때에는 해당 유형에 속한 개별 회계실체의 재무제표를 합산하여 작성한다.

④ 재무제표는 당해 회계연도분과 직전 회계연도분을 비교하는 형식으로 작성되어야 한다.

정답과 해설

01 정답 ①
해설 국가와 지방자치단체 모두 재무재표에 현금흐름표가 포함된다.

02 정답 ①
해설 개별 회계실체의 재무제표를 작성할 때에는 지방자치단체 안의 다른 개별 회계실체와의 내부거래를 상계하지 아니한다.

03 『국가회계기준에 관한 규칙』에 대한 설명으로 옳은 것은? 2018 국가직 9급

① 회계처리와 재무제표 작성을 위한 계정과목과 금액은 그 중요성에 따라 실용적인 방법으로 결정하여야 한다.

② 자산항목과 부채 또는 순자산항목을 상계함으로써 그 전부 또는 일부를 재정상태표에서 제외할 수 있다.

③ 이 규칙에서 정하는 것 외의 사항에 대해서는 일반적으로 인정되는 회계원칙을 따를 수 있으나, 일반적으로 공정하고 타당하다고 인정되는 회계관습은 따르지 않는다.

④ 재무제표는 재정상태표, 재정운영표, 순자산변동표, 현금흐름표로 구성하되 재무제표에 대한 주석은 제외한다.

04 『지방자치단체 회계기준에 관한 규칙』에 대한 설명으로 옳지 않은 것은? 2018 지방직 9급

① 재무제표는 재정상태표, 재정운영표, 현금흐름표, 순자산변동표, 주석으로 구성된다.

② 재무제표는 일반회계, 기타특별회계, 기금회계 및 지방공기업특별회계의 유형별 재무제표를 통합하여 작성한다. 이 경우 내부거래는 상계하지 않는다.

③ 재무제표는 당해 회계연도분과 직전 회계연도분을 비교하는 형식으로 작성한다.

④ 회계실체는 그 활동의 성격에 따라 행정형 회계실체와 사업형 회계실체로 구분할 수 있다.

정답과 해설

03 **정답** ①

해설 ② 자산, 부채 및 순자산은 총액으로 표시한다. 이 경우 자산 항목과 부채 또는 순자산 항목을 상계함으로써 그 전부 또는 일부를 재정상태표에서 제외해서는 아니 된다.

③ 이 규칙에서 정하는 것 외의 사항에 대해서는 일반적으로 인정되는 회계원칙과 일반적으로 공정하고 타당하다고 인정되는 회계관습에 따른다.

④ 재무제표는 재정상태표, 재정운영표, 순자산변동표, 현금흐름표로 구성하되, 재무제표에 대한 주석을 포함한다.

04 **정답** ②

해설 지방자치단체의 재무제표는 일반회계·기타특별회계·기금회계 및 지방공기업특별회계의 유형별 재무제표를 통합하여 작성한다. 이 경우 내부거래는 상계하고 작성한다.

05 『지방자치단체 회계기준에 관한 규칙』상 재무제표의 작성원칙으로 옳은 것은? 2019 지방직 9급

① 지방자치단체의 재무제표는 기금회계의 유형별 재무제표를 제외한 일반회계·기타특별회계 및 지방공기업특별회계의 유형별 재무제표를 통합하여 작성한다.

② 유형별 회계실체의 재무제표를 작성할 때에는 해당 유형에 속한 개별 회계실체의 재무제표를 합산하여 작성한다. 이 경우 유형별 회계실체 안에서의 내부거래는 상계하고 작성한다.

③ 개별 회계실체의 재무제표를 작성할 때에는 지방자치단체 안의 다른 개별 회계실체와의 내부거래를 상계하고 작성한다. 이 경우 내부거래는 해당 지방자치단체에 속하지 아니한 다른 회계실체 등과의 거래와 다르기 때문이다.

④ 재무제표는 당해 회계연도분과 직전 회계연도분을 비교하는 형식으로 작성되어야 한다. 이 경우 비교식으로 작성되는 양 회계연도의 재무제표는 계속성의 원칙에 따라 작성되어야 하며 회계변경은 허용되지 않는다.

05 **정답** ②

해설 ① 지방자치단체의 재무제표는 일반회계·기타특별회계·기금회계 및 지방공기업특별회계의 유형별 재무제표를 통합하여 작성한다. 기금회계를 제외하지 않는다.

③ 개별 회계실체의 재무제표를 작성할 때에는 지방자치단체 안의 다른 개별 회계실체와의 내부거래를 상계하지 아니한다. 이 경우 내부거래는 해당 지방자치단체에 속하지 아니한 다른 회계실체 등과의 거래와 동일한 방식으로 회계처리한다.

④ 재무제표는 당해 회계연도분과 직전 회계연도분을 비교하는 형식으로 작성되어야 한다. 이 경우 비교식으로 작성되는 양 회계연도의 재무제표는 계속성의 원칙에 따라 작성되어야 하며 회계정책상의 변화 등 회계변경이 발생한 경우에는 그 내용을 주석으로 공시하여야 한다. 즉, 회계변경이 허용된다.

06 **지방자치단체회계에 대한 설명으로 옳지 않은 것은?** 2021 지방직 9급

① 지방자치단체의 회계는 신뢰할 수 있도록 객관적인 자료와 증명서류에 의하여 공정하게 처리되어야 한다.

② 지방재정활동에 따라 발생하는 경제적 거래 등을 발생사실에 따라 복식부기 방식으로 회계처리 하는데 필요한 기준은 행정안전부령으로 정한다.

③ 지방자치단체의 회계는 재정활동의 내용과 그 성과를 쉽게 파악할 수 있도록 충분한 정보를 제공하고, 간단·명료하게 처리되어야 한다.

④ 재무제표는 지방회계기준에 따라 작성하여야 하고, 『공인회계사법』에 따른 공인회계사의 감사의견을 첨부하여야 한다.

06 **정답** ④

해설 감사의견이 아닌 검토의견을 첨부하여야 한다.

07 『국가회계법』상 재무제표에 포함되지 않는 것은? 2013 국가직 9급

① 재정상태표

② 재정운영표

③ 순자산변동표

④ 예산결산요약표

08 정부회계의 특징에 대한 설명으로 적절하지 않은 것은? 2013 지방직 9급

① 정부회계도 기업회계와 같이 수익과 비용의 차이인 재정운영결과가 클수록 운영 성과가 좋다고 평가한다.

② 정부의 지출은 예산에 의해서 통제를 받는다.

③ 예산의 집행에 따른 기록이나 절차는 법령의 규정에 따라서 이루어진다.

④ 정부회계에는 일반회계, 특별회계, 기금회계 등 다수의 회계실체가 존재한다.

정답과 해설

07 정답 ④

해설 국가회계법상 재무제표는 재정상태표, 재정운영표, 순자산변동표, 현금흐름표와 주석이다.

08 정답 ①

해설 영리를 추구하는 일반기업의 경우에는 이익을 많이 낼수록 성과가 좋다고 평가할 수 있지만, 정부회계의 목적은 영리추구가 아니기 때문에 이익(재정운영결과)이 클수록 성과가 좋다고 평가할 수 없다. 국가사업의 목적을 얼마나 능률적, 효율적으로 달성하였는지가 중요하다.

09 다음 중『국가회계기준에 관한 규칙』에 따른 재무제표에 대한 설명 중 올바른 것은?　　2014 서울시 9급

① 재무제표는『국가회계법』제14조 제3호에 따라 재정상태표, 재정운영표, 순자산변동표로 구성하되, 재무제표에 대한 주석과 필수보충정보를 포함한다.

② 재무제표의 과목은 해당 항목의 중요성에 따라 별도의 과목으로 표시하거나 다른 과목으로 통합하여 표시할 수 있다.

③ 재무제표를 통합하여 작성할 경우 중앙 관서의 재정상태 및 재정운영에 관한 정보를 명확히 구분할 수 있도록 내부거래는 상계하지 않는다.

④ 비교하는 형식으로 작성되는 두 회계연도의 재무제표는 계속성의 원칙에 따라 작성하며,『국가회계법』에 따른 적용범위, 회계정책 또는 이 규칙 등이 변경된 경우에는 그 내용을 필수보충정보로 공시한다.

⑤『국고금관리법 시행령』제2장에 따른 출납정리기한 중에 발생하는 거래에 대한 회계처리는 차기 회계연도에 발생한 거래로 본다.

10 다음은『국가회계기준에 관한 규칙』과『지방자치단체 회계기준에 관한 규칙』에 대한 설명이다. 가장 옳지 않은 것은?　　2015 서울시 9급

①『국가회계기준에 관한 규칙』및『지방자치단체 회계기준에 관한 규칙』에서는 재무제표 작성원칙에 따라 재무제표의 과목은 해당 항목의 중요성에 따라 별도의 과목으로 표시하거나 다른 과목으로 통합하여 표시가능하다고 명시적으로 규정하고 있다.

②『지방자치단체 회계기준에 관한 규칙』에서는『국가회계기준에 관한 규칙』과 달리 자산의 분류에 주민편의시설이 포함된다.

③『지방자치단체 회계기준에 관한 규칙』에서도『국가회계기준에 관한 규칙』과 마찬가지로 현금흐름표가 재무제표에 포함된다.

④『국가회계기준에 관한 규칙』에서 순자산은 기본순자산, 적립금 및 잉여금, 순자산조정으로 구분되나,『지방자치단체 회계기준에 관한 규칙』에서는 고정순자산, 특정순자산 및 일반순자산으로 분류하고 있다.

09　정답　②
　　해설　① 재무제표에 현금흐름표를 포함하며, 필수보충정보는 포함하지 않는다.
　　③ 재무제표를 통합하여 작성할 경우 내부거래는 상계하여 작성한다.
　　④ 필수보충정보가 아닌 주석으로 공시한다.
　　⑤ 출납정리기한 중에 발생하는 거래에 대한 회계처리는 해당 회계연도에 발생한 거래로 본다.
10　정답　①
　　해설　『지방자치단체 회계기준에 관한 규칙』에서는 중요성에 따른 표시가 명시적으로 규정되어 있지 않다.

11 『국가회계기준에 관한 규칙』에 대한 설명으로 옳지 않은 것은? 2016 서울시 7급

① 재무제표는 재정상태표, 재정운영표, 순자산변동표, 현금흐름표로 구성하되, 재무제표에 대한 주석을 포함한다.

② 재무제표는 해당 회계연도분과 직전 회계연도분을 비교하는 형식으로 작성한다.

③ 재무제표는 국가의 재정활동에 직접적 또는 간접적으로 이해관계를 갖는 정보이용자가 국가의 재정활동 내용을 파악하고, 합리적으로 의사결정을 할 수 있도록 유용한 정보를 제공하는 것을 목적으로 한다.

④ 재무제표를 통합하여 작성하더라도 내부거래는 상계하지 않는다.

12 『지방자치단체 회계기준에 관한 규칙』에서 규정하고 있는 재무제표 작성원칙이 아닌 것은?

2019 서울시 9급

① 유형별 회계실체의 재무제표를 작성할 때에는 해당 유형에 속한 개별 회계실체의 재무제표를 합산하여 작성한다.

② 지방자치단체의 재무제표는 일반회계·기타특별회계·기금회계 및 지방공기업특별회계의 유형별 재무제표를 통합하여 작성한다. 이 경우 내부거래는 상계하여 작성한다.

③ 개별 회계실체의 재무제표를 작성할 때에는 지방자치단체 안의 다른 개별 회계실체와의 내부거래를 상계하여 작성한다.

④ 재무제표는 당해 회계연도분과 직전 회계연도분을 비교하는 형식으로 작성되어야 한다.

정답과 해설

11 **정답** ④
해설 재무제표를 통합하여 작성할 경우 내부거래는 상계하여 작성한다.

12 **정답** ③
해설 개별 회계실체의 재무제표를 작성할 때에는 지방자치단체 안의 다른 개별 회계실체와의 내부거래를 상계하지 아니한다.

13 『국가재정법』에 대한 설명으로 옳지 <u>않은</u> 것은? 2019 국가직 9급

① 기금은 국가가 특정한 목적을 위하여 특정한 자금을 신축적으로 운용할 필요가 있을 때에 한하여 법률로써 설치하며, 세입세출예산에 의하지 않고 운용할 수 있다.

② 예산총계주의는 한 회계연도의 모든 수입을 세입으로 하고 모든 지출을 세출로 하며, 세입과 세출은 예외 없이 모두 예산에 계상하여야 한다.

③ 세입세출예산은 독립기관 및 중앙관서의 소관별로 구분한 후 소관 내에서 일반회계와 특별회계로 구분한다.

④ 정부는 예산이 여성과 남성에게 미칠 영향을 미리 분석한 성인지 예산서를 작성하여야 한다.

14 『지방자치단체 회계기준에 관한 규칙』에서 재무제표의 작성원칙에 대한 설명 중 옳지 <u>않은</u> 것을 〈보기〉에서 모두 고른 것은? 2021 서울시 7급

―――――――――― 〈보기〉 ――――――――――

ㄱ. 지방자치단체의 재무제표는 일반회계·기타특별회계·기금회계 및 지방공기업특별회계의 유형별 재무제표를 통합하여 작성하되, 이 경우 내부거래는 상계하지 아니하고 작성한다.

ㄴ. 유형별 회계실체의 재무제표를 작성할 때에는 해당 유형에 속한 개별 회계실체의 재무제표를 합산하지 아니하고 작성한다.

ㄷ. 개별 회계실체의 재무제표를 작성할 때에는 지방자치단체 안의 다른 개별 회계실체와의 내부거래를 상계하지 아니한다.

ㄹ. 재무제표는 당해 회계연도분과 직전 회계연도분을 비교하는 형식으로 작성되어야 하며, 회계정책과 회계추정의 변경이 발생한 경우에는 그 내용을 주석으로 공시하여야 한다.

① ㄱ, ㄴ

② ㄱ, ㄹ

③ ㄴ, ㄷ

④ ㄷ, ㄹ

---

13 **정답** ②

해설 예산총계주의가 원칙이지만 수입대체경비, 국가의 현물출자, 외국차관을 도입하여 전대하는 경우, 차관물자대, 전대차관의 상환 등에 있어서는 예외가 적용된다.

14 **정답** ①

해설 ㄱ. 지방자치단체의 재무제표는 일반회계·기타특별회계·기금회계 및 지방공기업특별회계의 유형별 재무제표를 통합하여 작성한다. 이 경우 내부거래는 상계하고 작성한다.

ㄴ. 유형별 회계실체의 재무제표를 작성할 때에는 해당 유형에 속한 개별 회계실체의 재무제표를 합산하여 작성한다. 이 경우 유형별 회계실체 안에서의 내부거래는 상계하고 작성한다.

15 『국가회계예규』의 '재무제표의 통합에 관한 지침'에서 재무제표 작성방법에 대한 설명으로 옳은 것은?

2022 지방직 9급

① 중앙관서 내 국가회계실체가 발행한 국채(공채)를 동일 중앙관서 내 다른 국가회계실체가 취득하는 경우 중앙관서 재무제표 작성 시 해당 투자증권(국채(공채))을 국채(공채)의 차감계정인 자기국채(공채)로 대체한다.

② 중앙관서 내 국가회계실체 간 거래를 통해 재정운영표에 수익·비용을 인식한 경우 해당 내부거래로 인하여 상호발생한 수익과 비용을 제거하지 않는다.

③ 국가 재무제표 작성 시에는 중앙관서 간 내부거래를 통한 일반유형자산의 취득, 처분, 관리전환 등의 거래는 상호 채권·채무를 보유하지 않으므로 내부거래 제거대상에서 제외하지 않는다.

④ 중앙관서 순자산변동표에 표시되는 재원의 조달 및 이전거래는 국가 재정운영표 작성 시에는 재정운영표상 "재정운영순원가"에 반영한다.

정답과 해설

15 정답 ①

해설 ① 자기국채(공채) 표시: 중앙관서 내 국가회계실체가 발행한 국채(공채)를 동일 중앙관서 내 다른 국가회계실체가 취득하는 경우 중앙관서 재무제표 작성 시 해당 투자증권(국채(공채))을 국채(공채)의 차감계정인 자기국채(공채)로 대체한다.

② 수익·비용의 내부거래 제거: 중앙관서 내 국가회계실체 간 거래를 통해 재정운영표에 수익·비용을 인식한 경우 해당 내부거래로 인하여 상호 발생한 수익과 비용을 제거한다.

③ 내부거래의 제거: 국가 재무제표 작성 시 모든 중앙관서 재무제표를 합산한 후 중앙관서 간 내부거래를 통해 상호 발생한 채권·채무, 수익·비용 및 재원의 조달 및 이전을 제거한다. 다만, 일반유형자산의 취득, 처분, 관리전환 등의 거래는 상호간 채권·채무를 보유하지 않으므로 내부거래 제거대상에서 제외한다.

④ 재원의 조달 및 이전거래의 조정: 중앙관서 순자산변동표에 표시되는 재원의 조달 및 이전거래는 국가 재정운영표 작성 시에는 재정운영표상 "비교환수익 등"에 반영한다.

정부의 재무제표

정부회계의 재무제표도 기업회계와 유사하다. 다만, '재무'상태표 대신 '재정'상태표, 손익계산서 대신 '재정'운영표, '자본'변동표 대신 '순자산'변동표라는 명칭을 사용한다. 이렇게 정부회계와의 차이점, 그리고 정부회계 내에서 국가회계와 지방자치단체회계 간의 차이점 위주로 정리하는 것이 시험 대비에 효율적인 학습법이 된다.

메타인지

01 자산과 부채는 유동성이 낮은 항목부터 배열한다. (○ | ×)

02 국가와 지방자치단체 모두 사회기반시설이 자산에 포함된다. (○ | ×)

03 국가와 지방자치단체 모두 주민편의시설이 자산에 포함된다. (○ | ×)

04 현재 세대와 미래 세대를 위하여 정부가 영구히 보존하여야 할 자산으로서 역사적, 자 (○ | ×)
연적, 문화적, 교육적 및 예술적으로 중요한 가치를 갖는 문화재 등은 국가의 재무제표
에 자산으로 인식한다.

05 재정운영표는 수익에서 비용을 뺀 이익을 보여 준다. (○ | ×)

06 교환수익은 재화나 용역을 제공한 대가로 발생하는 수익으로 국세수익이나 부담금수익 (○ | ×)
등이 이에 해당한다.

정답

01	×	02	○	03	×	04	×	05	×	06	×

제1절 | 재정상태표

1 총칙

(1) 국가회계

재정상태표는 재정상태표일 현재의 자산과 부채의 명세 및 상호관계 등 재정상태를 나타내는 재무제표로서 자산, 부채 및 순자산(자본이라고 표현하지 않는다)으로 구성된다. 기업회계의 재무상태표에 해당하는 재무제표인데, 다음과 같이 구성된다.

재정상태표

당기: 20XY년 12월 31일 현재

전기: 20XX년 12월 31일 현재

OO부처, OO기금, 대한민국 정부 (단위:)

	주석	20XY	20XX
자산			
Ⅰ. 금융자산		XXX	XXX
1. 현금및현금성자산	X	XXX	XXX
2. 금융상품	X	XXX	XXX
3. 투자증권	X	XXX	XXX
4. 정부출자금	X	XXX	XXX
5. 대여금	X	XXX	XXX
6. 미수채권	X	XXX	XXX
7. 기타금융자산	X	XXX	XXX
Ⅱ. 유·무형자산		XXX	XXX
1. 일반유형자산	X	XXX	XXX
2. 사회기반시설	X	XXX	XXX
3. 무형자산	X	XXX	XXX
Ⅲ. 기타자산		XXX	XXX
자산계		XXX	XXX
부채			
Ⅰ. 차입부채		XXX	XXX
1. 국채	X	XXX	XXX
2. 차입금	X	XXX	XXX

3. 국고채무부담행위액	X	XXX	XXX
4. 기타 차입부채	X	XXX	XXX
II. 충당부채		**XXX**	**XXX**
1. 연금충당부채	X	XXX	XXX
2. 퇴직수당충당부채	X	XXX	XXX
3. 보증충당부채	X	XXX	XXX
4. 보험충당부채	X	XXX	XXX
5. 기타충당부채	X	XXX	XXX
III. 기타부채		**XXX**	**XXX**
부채계		**XXX**	**XXX**
순자산			
I. 기본순자산		XXX	XXX
II. 적립금 및 잉여금		XXX	XXX
III. 순자산조정		XXX	XXX
순자산계		**XXX**	**XXX**
부채와순자산계		**XXX**	**XXX**

재정상태표를 작성할 때는 다음 기준을 준수해야 한다.

*자산, 부채 및 순자산은 총액으로 표시한다. 이 경우 **자산 항목과 부채 또는 순자산 항목을 상계함으로써 그 전부 또는 일부를 재정상태표에서 제외해서는 아니 된다.

사쌤 가이드

과거에는 재정상태표 작성기준에 유동성이 높은 항목부터 배열하도록 하는 것도 포함하고 있었으나, 2025년 개정으로 국가회계기준에서 삭제되었다. 하지만, 지방자치단체회계기준에는 여전히 남아 있다.

(2) 지방자치단체회계

지방자치단체의 재정상태표도 국가와 동일하게 자산·부채 및 순자산으로 구성된다. 지방자치단체인 서울시의 2024년 요약 재정상태표를 살펴보면 다음과 같다.

[요약 재정상태표]

서울특별시 (단위: 백만 원)

구분	2024년		2023년	
	금액	구성비	금액	구성비
유동자산	6,249,437	4.03%	8,084,693	5.30%
투자자산	18,578,875	11.97%	18,566,194	12.17%
일반유형자산	8,971,168	5.78%	8,804,695	5.77%
주민편의시설	32,596,637	21.00%	31,394,377	20.58%
사회기반시설	87,574,156	56.42%	84,518,839	55.42%
기타비유동자산	1,240,632	0.80%	1,146,010	0.75%
자산총계	155,210,905	100%	152,514,808	100%
유동부채	3,845,840	20.65%	3,423,926	18.93%
장기차입부채	9,375,455	50.33%	9,721,703	53.74%
기타비유동부채	5,406,863	29.02%	4,943,552	27.33%
부채총계	18,628,158	100%	18,089,182	100%
고정순자산	117,973,327	86.37%	113,439,626	84.39%
특정순자산	5,653,553	4.14%	6,446,474	4.80%
일반순자산	12,955,866	9.49%	14,539,526	10.81%
순자산총계	136,582,747	100%	134,425,626	100%
부채및순자산총계	155,210,905		152,514,808	

지방자치단체의 재무상태표 작성기준은 다음과 같다.

① **자산과 부채는 유동성이 높은 항목부터 배열하는 것을 원칙으로 한다.
② 자산과 부채는 총액에 따라 적는 것을 원칙으로 하고, 자산의 항목과 부채 또는 순자산의 항목을 상계함으로써 그 전부 또는 일부를 재정상태표에서 제외하여서는 아니된다.
③ *가지급금이나 가수금 등의 미결산항목은 그 내용을 나타내는 적절한 과목으로 표시하고, 비망 계정(어떤 경제활동의 발생을 기억하기 위해 기록하는 계정을 말한다)은 재정상태표의 자산 또는 는 부채항목으로 표시하지 않는다.

사쌤 가이드

기업회계의 경우 재무상태표를 유동성순서에 따라 표시하더라도, 그 순서를 제한하고 있지는 않다. 즉, 유동성이 높은 항목부터 표시하거나 반대로 유동성이 낮은 항목부터 표시하는 것이 모두 가능한데 반해, 지방자치단체회계는 유동성이 높은 항목부터 배열하도록 하고 있다.
지방자치단체의 재무상태표 작성기준에는 ③번 항목(미결산항목 및 비망계정 표시 금지)이 명시되어 있다. 물론 국가회계라고 하여 미결산항목 및 비망계정을 표시해도 되는 것은 아니지만, 지방자치단체의 경우 이를 명시적으로 금하고 있다.

(1) 국가회계

자산은 과거의 거래나 사건의 결과로 현재 국가회계실체가 소유(*실질적으로 소유하는 경우를 포함한다) 또는 통제하고 있는 자원으로서, 미래에 공공서비스를 제공할 수 있거나 직접 또는 간접적으로 경제적 효익을 창출하거나 창출에 기여할 것으로 기대되는 자원을 말한다. 영리추구를 하는 기업이 경제적 효익을 자산의 요건으로 규정한 반면 국가는 미래 경제적 효익이 없더라도 '공공서비스를 제공'할 것으로 기대된다면 자산의 요건을 만족한다. 국가회계기준에서 정한 자산의 인식기준은 다음과 같다.

---

① ***자산은 공용 또는 공공용으로 사용되는 등 공공서비스를 제공할 수 있거나 직접적 또는 간접적으로 경제적 효익을 창출하거나 창출에 기여할 가능성이 매우 높고 그 가액을 신뢰성 있게 측정할 수 있을 때에 인식한다.

② 현재 세대와 미래 세대를 위하여 정부가 영구히 보존하여야 할 자산으로서 역사적, 자연적, 문화적, 교육적 및 예술적으로 중요한 가치를 갖는 자산(*유산자산)은 *******자산으로 인식하지 아니하고 그 종류와 현황 등을 주석으로 공시한다.

③ ***국가안보와 관련된 자산은 *기획재정부(재정경제부)장관과 협의하여 자산으로 인식하지 아니할 수 있다. 이 경우 해당 중앙관서의 장은 해당 자산의 종류, 취득시기 및 관리현황 등을 *별도의 장부에 기록하여야 한다.

사쌤 가이드

기존의 '기획재정부'가 2026년 1월부터 '기획예산처'와 '재정경제부'로 분리된다. 이를 반영하기 위해 국가회계법과 지방회계법은 2025년 10월 1일자로 개정되었다. 하지만 시행규칙은 아직 개정되지 않아 여전히 '기획재정부'라는 명칭을 사용하고 있다. 조만간 변경될 것으로 예상하기에 기획재정부 옆에 재정경제부를 임의로 병기하였다.

자산으로 인식하기 위해서는 자산의 정의를 만족해야 하고, 그 가액을 신뢰성 있게 측정할 수 있어야 한다. 그런데 국가가 보유한 국보나 문화재 등은 역사적, 자연적, 문화적, 교육적 및 예술적으로 중요한 가치를 갖음에도 불구하고 그 가치를 금액으로 환산하기가 어렵다. 숭례문(남대문)이나 석굴암 같은 국보의 가치를 어떻게 '신뢰성 있게 측정'할 수 있겠는가? 따라서 이를 자산으로 인식하지 못하고, 대신 주석에 그 종류나 수량 등을 다음과 같이 나타내고 있다.

구분		단위	당기말	전기말
문화재	토지	m²	128,591,620	128,523,543
	건물	m²	120,495	117,079
	입목	식	369	359
	구축물	식	2,319	2,314
	국보, 보물, 등록문화재 등	점	11,491	11,409
국립공원		km²	6,728	6,728
보호구역		km²	1,574	1,557

★★★자산은 금융자산, 유·무형자산 및 기타 자산으로 구분하여 재정상태표에 표시한다.

구분	내용
금융자산	*금융자산이란 현금 또는 현금을 수취하거나 유리한 조건으로 자산을 교환할 수 있는 계약상의 권리인 자산으로서, 현금 및 현금성자산, 금융상품, 투자증권, 정부출자금, 대여금, 미수채권, 기타 금융자산을 말한다.
유·무형자산	유·무형자산은 일반유형자산, 사회기반시설 및 무형자산으로 구분한다. 일반유형자산이란 고유한 행정활동에 1년을 초과하여 사용할 목적으로 취득한 자산(사회기반시설은 제외한다)을 말한다. *사회기반시설이란 국가의 기반을 형성하기 위해 대규모로 투자하여 건설하고 그 경제적 효과가 장기간에 걸쳐 나타나는 자산을 말한다. 무형자산이란 물리적 실체는 없으나 일정 기간 독점적·배타적으로 이용할 수 있는 권리인 자산을 말한다.
기타 자산	기타 자산이란 금융자산과 유·무형자산에 해당하지 않는 자산을 말한다.

(2) 지방자치단체회계

지방자치단체회계기준도 자산의 정의를 '과거의 거래나 사건의 결과로 현재 회계실체가 소유(실질적으로 소유하는 경우를 포함한다) 또는 통제하고 있는 자원으로서 미래에 공공서비스를 제공할 수 있거나 직접적 또는 간접적으로 경제적 효익을 창출하거나 창출에 기여할 가능성이 매우 높은 자원'이라고 하여 사실상 국가회계와 차이가 없다. 다만 자산의 인식기준은 다음과 같이 기술하고 있는데 '유산자산' 대신 '관리책임자산'이라는 명칭을 사용하고, 주석이 아닌 필수보충정보로 보고한다는 차이를 보인다.

① 자산은 미래에 공공서비스를 제공할 수 있거나 직접적 또는 간접적으로 경제적 효익을 창출하거나 창출에 기여할 가능성이 *매우 높고 그 가액을 신뢰성 있게 측정할 수 있을 때에 인식한다.
② 문화재, 예술작품, 역사적 문건 및 자연자원은 자산으로 인식하지 아니하고 필수보충정보의 **관리책임자산으로 보고한다.

*지방자치단체의 자산은 유동자산, 투자자산, 일반유형자산, 주민편의시설, 사회기반시설, 기타비유동자산으로 분류한다. 무형자산이라는 분류가 없고(기타비유동자산에 포함한다) **주민편의시설이라는 별도의 항목이 존재한다.

구분	내용
유동자산	유동자산은 회계연도 종료 후 1년 내에 현금화가 가능하거나 실현될 것으로 예상되는 자산으로서 현금및현금성자산, 단기금융상품, 미수세금, 미수세외수입금 등을 말한다.
투자자산	투자자산은 회계실체가 투자하거나 권리행사 등의 목적으로 보유하고 있는 비유동자산으로서 장기금융상품, 장기용자금, 장기투자증권 등을 말한다.
일반유형자산	일반유형자산은 공공서비스의 제공을 위하여 1년 이상 반복적 또는 계속적으로 사용되는 자산으로서 토지, 건물, 입목 등을 말한다.
주민편의시설	주민편의시설은 주민의 편의를 위하여 1년 이상 반복적 또는 계속적으로 사용되는 자산으로서 도서관, 주차장, 공원, 박물관 및 미술관 등을 말한다.

구분	내용
사회기반시설	사회기반시설은 초기에 대규모 투자가 필요하고 파급효과가 장기간에 걸쳐 나타나는 지역사회의 기반적인 자산으로서 도로, 도시철도, 상수도시설, 수질정화시설, 하천부속시설 등을 말한다.
기타 비유동자산	기타비유동자산은 유동자산, 투자자산, 일반유형자산, 주민편의시설, 사회기반시설에 속하지 아니하는 자산으로서 보증금, **무형자산** 등을 말한다.

3 부채

(1) 국가회계

부채는 과거의 거래나 사건의 결과로 국가회계실체가 부담하는 의무로서, 그 이행을 위하여 미래에 자원의 유출 또는 사용이 예상되는 현재의 의무를 말한다. 부채에 대한 인식기준은 다음과 같다.

> ① 부채는 국가회계실체가 부담하는 현재의 의무 중 향후 그 이행을 위하여 지출이 발생할 가능성이 매우 높고 그 금액을 신뢰성 있게 측정할 수 있을 때 인식한다.
> ② 국가안보와 관련된 부채는 기획재정부(재정경제부)장관과 협의하여 부채로 인식하지 아니할 수 있다. 이 경우 해당 중앙관서의 장은 해당 부채의 종류, 취득시기 및 관리현황 등을 별도의 장부에 기록하여야 한다.

★★부채는 차입부채, 충당부채 및 기타 부채로 구분하여 재정상태표에 표시한다.

구분	내용
차입부채	차입부채는 금융자산을 지급하거나 불리한 조건으로 금융자산을 교환해야 하는 부채로서 국채, 차입금, 국고채무부담행위액 및 기타 차입부채를 말한다.
충당부채	*충당부채는 지출시기 또는 지출금액이 불확실한 부채로서 연금충당부채, 퇴직수당충당부채, 보증충당부채, 보험충당부채 및 기타 충당부채를 말한다.
기타 부채	기타 부채는 차입부채와 충당부채에 해당하지 않는 부채를 말한다.

(2) 지방자치단체회계

지방자치단체회계기준도 부채의 정의를 '과거 사건의 결과로 회계실체가 부담하는 의무로서 그 이행을 위하여 미래에 자원의 유출이 예상되는 현재 시점의 의무'라고 정의하고 있다. 부채의 인식기준은 다음과 같다.

> ① *부채는 회계실체가 부담하는 현재의 의무를 이행하기 위하여 경제적 효익이 유출될 것이 거의 확실하고 그 금액을 신뢰성 있게 측정할 수 있을 때에 인식한다.

★★★지방자치단체의 부채는 유동부채, 장기차입부채 및 기타비유동부채로 분류한다. 장기충당부채라

는 분류가 없이 이를 기타비유동부채에 포함한다.

구분	내용
유동부채	유동부채는 회계연도 종료 후 1년 이내에 상환되어야 하는 부채로서 단기차입금, 유동성 장기차입부채 등을 말한다.
장기차입부채	장기차입부채는 회계연도 종료 후 1년 이후에 만기가 되는 차입부채로서 장기차입금, 지방채증권 등을 말한다.
기타 비유동부채	기타비유동부채는 유동부채와 장기차입부채에 속하지 않는 부채로서 **퇴직급여충당부채**, 장기예수보증금, 장기 선수수익 등을 말한다.

4 순자산

(1) 국가회계

순자산은 자산에서 부채를 뺀 금액을 말하며, 국가의 경우 ********이를 기본순자산, 적립금 및 잉여금, 순자산조정으로 구분한다.

구분	내용
기본순자산	기본순자산은 순자산에서 적립금 및 잉여금과 순자산조정을 뺀 금액으로 표시한다.
적립금 및 잉여금	적립금 및 잉여금은 임의적립금, 전기이월결손금·잉여금, 재정운영결과 등을 표시한다.
순자산조정	순자산조정은 투자증권평가손익, 자산재평가이익, 보험수리적손익 및 기타 순자산의 증감 등을 표시한다.

(2) 지방자치단체회계

지방자치단체의 경우 ****순자산을 기능과 용도를 기준으로 고정순자산, 특정순자산 및 일반순자산으로 분류한다.

구분	내용
고정순자산	*고정순자산은 일반유형자산, 주민편의시설, 사회기반시설 및 무형자산의 투자액에서 그 시설의 투자재원을 마련할 목적으로 조달한 장기차입금 및 지방채증권 등을 뺀 금액으로 한다.
특정순자산	**특정순자산은 채무상환 목적이나 적립성기금의 원금과 같이 그 사용목적이 특정되어 있는 재원과 관련된 순자산을 말한다.
일반순자산	*일반순자산은 고정순자산과 특정순자산을 제외한 나머지 금액을 말한다.

제**2**절 | 재정운영표

1 총칙

*재정운영표는 회계연도 동안 수행한 정책 또는 사업의 원가와 재정운영에 따른 원가의 회수명세 등을 포함한 재정운영결과를 나타내는 재무제표를 말한다. 기업회계의 손익계산서에 해당하는 재무제표인데, 유의해야 할 것은 손익계산서가 '수익 − 비용 = 이익'을 나타내는 반면에 재정운영표는 거꾸로 '비용 − 수익 = 순원가'를 나타낸다는 점이다. 영리를 목적으로 하는 기업이 얼마나 남겼는지 보여 준다면, 정부회계에서는 공공서비스를 제공하기 위해 소요된 순원가가 얼마인지를 보여 준다.

**재정운영표의 모든 수익과 비용은 발생주의 원칙에 따라 거래나 사실이 발생한 기간에 표시한다. 중앙관서 또는 기금의 재정운영표와, 이를 통합하여 작성하는 국가의 재정운영표는 양식이 다르다. 중앙관서 또는 기금의 재정운영표는 프로그램별 재정운영표와 성질별 재정운영표로 구분하여 작성하고, 국가의 재정운영표는 분야별 재정운영표와 성질별 재정운영표로 구분하여 작성한다.

(1) 중앙관서 또는 기금의 프로그램별 재정운영표

중앙관서 또는 기금의 재정운영표는 프로그램별 재정운영표와 성질별 재정운영표로 구분하여 작성한다. 기업회계의 손익계산서가 매출총이익, 영업이익, 당기순이익 등으로 손익을 구분하는 것처럼 프로그램별 재정운영표도 순원가를 *프로그램순원가, 재정운영순원가, 재정운영결과로 구분하여 표시한다. 중앙관서 또는 기금의 재정운영표 양식을 정리하면 다음과 같다.

	프로그램별 재정운영표	내용
	I. *프로그램순원가	= 프로그램총원가 - 프로그램수익 • *프로그램총원가 = (프로그램을 수행하기 위해 투입한 원가 합계) + (다른 프로그램으로부터 배부받은 원가) - (다른 프로그램에 배부한 원가) • 프로그램수익: 프로그램의 수행과정에서 발생한 수익
(+)	II. *관리운영비	프로그램의 운영에 직접적으로 소요되지는 않으나 국가회계실체의 기본적인 기능수행 및 특정 프로그램의 행정운영과 관련된 인건비와 경비
(+)	III. 비배분비용	*국가회계실체에서 발생한 비용 중 프로그램에 대응되지 않는 비용
(-)	IV. 비배분수익	*국가회계실체에서 발생한 수익 중 프로그램에 대응되지 않는 수익
	V. ******재정운영순원가	(I+II+III-IV)
(-)	VI. 비교환수익 등	직접적인 반대급부 없이 발생하는 수익
	VII. ****재정운영결과	(V-VI)

① 프로그램순원가

프로그램이란 정부가 시행하는 최소 정책단위로서 동일한 정책목표를 달성하기 위한 1개 이상의 단위사업으로 구성된다. 쉽게 말해 정부가 수행하는 공공서비스나 사업을 말하는데, 질병관리청을 예로 들자면

국립마산병원, 국립목표병원과 같은 사업(프로그램)뿐만 아니라 국민건강생활실천, 질병 예방 및 대응체계 구축과 같은 프로그램도 수행하고 있다. 프로그램총원가는 국가가 프로그램 수행과 관련하여 발생한 총원가로 프로그램별로 대응(추적 및 배부)이 가능한 직접원가 및 간접원가를 말한다. 경우에 따라서는 프로그램 운영 과정에서 재화나 용역을 제공한 대가로 교환수익이 발생할 수 있는데(예를 들어, 국립병원의 경우 환자에게 받는 진료비로 인한 의료수익이 발생하고, 복권기금의 경우 복권사업수입이 발생한다) 이를 프로그램수익이라 한다. 프로그램총원가에서 프로그램수익을 차감한 것이 바로 프로그램순원가다. 프로그램순원가는 특정 프로그램(사업)을 수행하기 위하여 소요된 순원가에 대한 정보를 제공한다.

② 재정운영순원가

관리운영비는 기업의 판관비와 비슷한 개념으로 프로그램의 운영에 직접 소요되지는 않으나, 기관의 기본적인 기능수행 및 특정 사업의 행정운영과 관련한 인건비(급여 및 퇴직급여)와 경비(복리후생비, 소모품비, 광고선전비, 지급수수료, 업무추진비 등)를 말한다. 비배분비용은 프로그램에 대응되지 않거나, 프로그램에 배분하는 것이 합리적이지 않은 비용으로 이자비용, 자산의 평가손실이나 처분손실, 감액손실 등이 포함된다. 비배분수익 역시 프로그램에 대응되지 않는 수익으로 이자수익, 자산의 평가이익과 처분이익, 감액손실환입 등이 포함된다. 프로그램순원가에 관리운영비와 비배분비용을 더하고, 비배분수익을 차감하면 재정운영순원가가 되는데, 이는 전체 재정활동에 소요된 순원가에 관한 정보를 제공한다.

③ 비교환수익 등

국가가 국민에게 재화나 공공서비스를 제공한 대가로 받은 수익이 아니라, 국가권력의 행사를 통해 걷어 들인 수익 즉, 교환 없이 발생한 수익을 비교환수익이라 한다. 대표적으로 법인세나 소득세와 같은 국세를 들 수 있는데, 국가가 징수하는 국세의 금액만큼 납세자에게 동일한 크기의 공공서비스를 직접적으로 제공하는 것은 아니기 때문에 비교환수익에 해당한다. 국세 외에 부담금(환경개선부담금, 국민건강증진부담금 등)이나 제재금(벌금, 과징금 등)도 비교환수익에 해당한다. 비교환수익에 중앙관서 간의 무상이전거래를 합쳐서 '비교환수익 등'으로 나타내는데, 무상이전거래란 중앙관서 간에 필요에 따라 재원을 이전하고 조달 받는 과정 중에서 발생한 수익에 해당한다.

이러한 비교환수익 등은 재무제표 작성주체가 누구냐에 따라 표시방법이 달라진다. 먼저 중앙관서나 기금의 경우 국세수익은 재정운영표가 아닌 국세징수활동표에 표시한다. 국고금 회계에서 언급한 대로 국세청과 관세청, 기획재정부(재정경제부)에서 국세를 징수하더라도 이는 해당 부처의 수익에 해당하지 않는다. 따라서 재정운영표의 비교환수익으로 표시하지 않고, 국세징수활동표에 표시한다. *국세수익은 오로지 국가(대한민국 정부)의 재정운영표에만 비교환수익으로 표시한다. 국세수익을 제외한 나머지 비교환수익은 중앙관서가 행정형 회계(일반회계나 기타특별회계)냐, 사업형 회계(기업특별회계와 기금)냐에 따라 표시방법이 달라진다. 독립적인 수익 창출활동을 수행하는 사업형 회계의 경우 비교환수익도 해당 실체의 재정성과로 보아 재정운영표에 '비교환수익 등'으로 표시한다. 반면에 일반행정활동을 수행하는 행정형회계의 경우 비교환수익이 해당 실체의 성과라기보다는 모든 중앙관서의 재정지출에 충당할 재원에 해당하므로(이 때문에 행정형회계의 수입은 국고금회계로 불입되어 통합관리한다) 재정운영표에 표시하지 않고, 순자산변동표의 '재원의 조달 및 이전'으로 표시한다. 여기에 대해 국가회계기준은 다음과 같이 표현하고 있다.

재정운영결과 = 재정운영순원가 – 비교환수익 등

- 비교환수익 등: 비교환수익과 그 밖에 재원 이전거래 금액. 다만, 「국고금 관리법 시행령」 제50조의 2에 따라 통합 관리하는 일반회계 및 특별회계의 자금에서 발생하는 비교환수익 등은 순자산변동표의 재원의 조달 및 이전란에 표시한다.

비교환수익의 표시방법을 요약하면 다음과 같다.

구분	국가(대한민국 정부)	행정형 회계	사업형 회계
국세수익	재정운영표(비교환수익 등)	국세징수활동표	-
비교환수익	재정운영표(비교환수익 등)	순자산변동표(재원의 조달 및 이전)	재정운영표(비교환수익 등)

④ 재정운영결과

재정운영순원가에서 비교환수익 등을 차감하면 재정운영결과가 되는데, 이는 한 해 동안 나라가 살림을 어떻게 운영했는지 보여 주는 결과에 해당한다. 즉, 재정운영결과는 국가가 국민에게 공공서비스를 제공하는 데 들어간 비용의 크기와 국민으로부터 국세나 부담금 등의 방식으로 거두어들인 수익의 크기를 비교해서, 지난 1년간 나라살림 결과를 보여 주게 된다. 기업회계의 당기순이익과 유사한 항목이지만 그 해석은 다르게 해야 한다. 당기순이익의 경우 그 금액이 클수록 기업이 한 해 동안 적은 비용을 들여 큰 수익을 올렸으니 기업운영을 잘했다고 평가할 수 있지만, 국가의 경우 재정운영표상 이익이 발생했다고 하면 충분한 공공서비스를 제공하지 못했다는 평가가 내려질 수 있다.

(2) 중앙관서 또는 기금의 성질별 재정운영표

성질별 재정운영표는 기업회계의 성격별 공시와 유사하다. 순원가를 프로그램순원가, 재정운영순원가, 재정운영결과로 구분하는 프로그램별 재정운영표와 달리 성질별 재정운영표는 비용(이전비용 및 국가운영비용으로 구분하여 표시)에서 수익(이전수익 및 국가운영수익으로 구분하여 표시)을 뺀 금액만 재정운영결과로 표시한다.

성질별 재정운영표
당기: 20XY년 1월 1일부터 20XY년 12월 31일까지
전기: 20XX년 1월 1일부터 20XX년 12월 31일까지

OO부처, OO기금 (단위:)

	주석	20XY	20XX
수익(I+II)		XXX	XXX
I. 이전수익		XXX	XXX
1. 사회보험수익	X	XXX	XXX
2. 부담금수익	X	XXX	XXX
3. 제재금수익	X	XXX	XXX
4. 기타 이전수익	X	XXX	XXX

Ⅱ. 국가운영수익		**XXX**	**XXX**
1. 재화 및 용역제공수익	X	XXX	XXX
2. 연금수익	X	XXX	XXX
3. 이자수익	X	XXX	XXX
4. 배당수익	X	XXX	XXX
5. 자산처분이익	X	XXX	XXX
6. 자산평가이익	X	XXX	XXX
7. 기타 국가운영수익	X	XXX	XXX
비용(Ⅲ+Ⅳ)		**XXX**	**XXX**
Ⅲ. 이전비용		**XXX**	**XXX**
1. 국고보조사업비	X	XXX	XXX
2. 출연사업비	X	XXX	XXX
3. 사회보험비용	X	XXX	XXX
4. 지방교부금	X	XXX	XXX
5. 기타 이전비용	X	XXX	XXX
Ⅳ. 국가운영비용		**XXX**	**XXX**
1. 재화 및 용역제공원가	X	XXX	XXX
2. 연금비용	X	XXX	XXX
3. 인건비	X	XXX	XXX
4. 이자비용	X	XXX	XXX
5. 운영비	X	XXX	XXX
6. 감가상각비	X	XXX	XXX
7. 자산평가손실	X	XXX	XXX
8. 기타 국가운영비용	X	XXX	XXX
재정운영결과 (비용-수익)		**XXX**	**XXX**

(3) 국가의 분야별 재정운영표

중앙관서 또는 기금의 재정운영표를 통합하여 작성하는 국가의 재정운영표는 분야별 재정운영표와 성질별 재정운영표로 구분하여 작성한다. 분야별 재정운영표는 순원가를 사업순원가, 재정운영순원가, 재정운영결과로 구분하여 다음과 같이 표시한다.

분야별 재정운영표	내용
I. 사업순원가	= 분야별 총원가 - 분야별 수익 • 분야별 총원가 = (분야별 사업을 수행하기 위해 투입한 원가 합계) + (다른 분야로부터 배부받은 원가) - (다른 분야에 배부한 원가) • 분야별 수익: 분야별 사업의 수행과정에서 발생한 수익
(+) II. 관리운영비	각 중앙관서 또는 기금의 프로그램별 재정운영표의 관리운영비를 합산한 금액
(+) III. 비배분비용	각 중앙관서 또는 기금의 프로그램별 재정운영표의 비배분비용을 합산한 금액
(-) IV. 비배분수익	각 중앙관서 또는 기금의 프로그램별 재정운영표의 비배분수익을 합산한 금액
V. 재정운영순원가	(I+II+III-IV)
(-) VI. 비교환수익 등	비교환수익과 그 밖에 재원 이전거래 금액
VII. 재정운영결과	(V-VI)

(4) 국가의 성질별 재정운영표

국가의 성질별 재정운영표는 비용(이전비용 및 국가운영비용으로 구분하여 표시)에서 수익(국세수익, 이전수익 및 국가운영수익으로 구분하여 표시)을 뺀 금액만 재정운영결과로 표시한다. 수익에 국세수익이 포함된다는 점만 제외하면 중앙관서 또는 기금의 성질별 재정운영표와 양식이 동일하다.

(5) 지방자치단체의 재정운영표

지방자치단체의 재정운영표는 중앙관서 및 기금의 재정운영표와 유사하지만 '프로그램'이라는 용어 대신 '사업'이라는 용어를 사용하며, '비교환수익 등' 대신 '일반수익'으로 표시하는 점이 다르다. 지방자치단체의 재정운영표 양식을 정리하면 다음과 같다.

재정운영표	내용
I. 사업순원가	*총원가(사업을 수행하기 위하여 투입한 원가에서 다른 사업으로부터 배부 받은 원가를 더하고, 다른 사업에 배부한 원가를 뺀 것)에서 사업수익(사업의 수행과정에서 발생하거나 사업과 관련하여 국가·지방자치단체 등으로부터 얻은 수익)을 빼서 표시
(+) II. 관리운영비	*조직의 일반적이고 기본적인 기능을 수행하는 데 필요한 인건비, 기본경비 및 운영경비
(+) III. 비배분비용	임시적·비경상적으로 발생한 비용 및 사업과 직접적 또는 간접적 관련이 없어 총원가에 배분하는 것이 합리적이지 아니한 비용
(-) IV. 비배분수익	임시적·비경상적으로 발생한 수익 및 사업과 직접적 관련이 없어 사업수익에 합산하는 것이 합리적이지 아니한 수익
V. ***재정운영순원가	(I+II+III-IV)
(-) VI. *일반수익	사업수익이나 비배분수익에 해당하지 않는 비교환수익으로 *자체조달수익(지방자치단체가 독자적인 과세 권한과 자체적인 징수활동을 통하여 조달한 수익)이나 *정부간이전수익(회계실체가 국가 또는 다른 지방자치단체로부터 이전 받은 수익) 등에 해당하는 수익
VII. *재정운영결과	(V-VI)

지방자치단체의 재정운영표를 작성할 때 *수익과 비용은 그 발생원천에 따라 명확하게 분류하여야 하며, 해당 항목의 중요성에 따라 별도의 과목으로 표시하거나 다른 과목과 통합하여 표시할 수 있다. 이 경우 해당 항목의 중요성은 금액과 질적 요소를 고려하여 판단하여야 한다.

> 지방자치단체 회계기준에는 국가회계기준과 마찬가지로 '재무제표의 작성원칙(9조)'과 '재정상태표의 작성기준(13조)', '재정운영표의 작성기준(29조)'이 각각 존재한다. 이 중 재무제표의 작성원칙에는 국가회계기준과 달리 '중요성에 따른 통합표시'가 명시되어 있지 않으나, 재정운영표의 작성기준에는 중요성에 따른 통합표시가 기재되어 있다.

2 국가의 수익과 비용

기출 13, 14, 15, 16, 17, 18, 22, 23, 24, 25

(1) 수익의 정의와 구분

*수익은 국가의 재정활동과 관련하여 재화 또는 용역을 제공한 대가로 발생하거나, 직접적인 반대급부 없이 법령에 따라 납부의무가 발생한 금품의 수납 또는 자발적인 기부금 수령 등에 따라 발생하는 순자산의 증가를 말한다. 수익은 그 원천에 따라 다음과 같이 구분한다.

---

① 교환수익: 재화나 용역을 제공한 대가(재화 및 용역제공수익, 이자수익, 평가이익, 자산처분이익, 기타수익 등)로 발생하는 수익

② 비교환수익: 직접적인 반대급부 없이 발생하는 수익

③ 수익은 그 성질에 따라 다음과 같이 구분한다.

  1. 국세수익: 국가가 조세를 징수하여 발생하는 수익

  2. 이전수익: 직접적인 반대급부 없이 발생하는 수익 중 1의 국세수익을 제외한 수익

  3. *국가운영수익: 국가의 재정활동과 관련하여 발생하는 수익 중 1의 국세수익과 2의 이전수익을 제외한 수익

---

(2) 수익의 인식기준

***교환수익은 수익창출 활동이 끝나고 그 금액을 합리적으로 측정할 수 있을 때에 인식한다. ***비교환수익은 해당 수익에 대한 청구권이 발생하고 그 금액을 합리적으로 측정할 수 있을 때에 인식하며, 수익 유형에 따른 세부 인식기준은 다음과 같다.

---

① ******신고·납부하는 방식의 국세: 납세의무자가 세액을 자진신고하는 때에 수익으로 인식

② ********정부가 부과하는 방식의 국세: 국가가 고지하는 때에 수익으로 인식

③ ******원천징수하는 국세: 원천징수의무자가 원천징수한 금액을 신고·납부하는 때에 수익으로 인식

---

④ ******연부연납(세금 신고기한 경과 후 장기간 분할납부하는 것을 말한다) 또는 분납이 가능한 국세: 징수할 세금이 확정된 때에 그 납부할 세액 전체를 수익으로 인식

⑤ *****부담금수익, 기부금수익, 무상이전수입, 제재금수익 등: 청구권 등이 확정된 때에 그 확정된 금액을 수익으로 인식. 다만, 제재금수익 중 벌금, 과료, 범칙금 또는 몰수품으로서 청구권이 확정된 때나 몰수품을 몰수한 때에 그 금액을 확정하기 어려운 경우에는 벌금, 과료 또는 범칙금이 납부되거나 몰수품이 처분된 때에 수익으로 인식할 수 있다.

(3) 비용의 정의와 인식기준

비용은 국가의 재정활동과 관련하여 재화 또는 용역을 제공하여 발생하거나, 직접적인 반대급부 없이 발생하는 자원 유출이나 사용 등에 따른 순자산의 감소를 말하며, 그 성질에 따라 다음과 같이 구분한다.

① 이전비용: 직접적인 반대급부 없이 발생하는 비용

② 국가운영비용: 국가의 재정활동과 관련하여 발생하는 비용 중 ①의 이전비용을 제외한 비용

비용은 다음의 기준에 따라 인식한다.

① 재화나 용역제공 등 국가재정활동 수행을 위해 자산이 감소하고 그 금액을 **합리적으로 측정할 수 있을 때 또는 법령 등에 따라 지출에 대한 의무가 존재하고 그 금액을 합리적으로 측정할 수 있을 때에 비용으로 인식

② *과거에 자산으로 인식한 자산의 미래 경제적 효익이 감소 또는 소멸하거나 자원의 지출 없이 부채가 발생 또는 증가한 것이 명백한 때에 비용으로 인식

3 지방자치단체의 수익과 비용

(1) 수익과 비용의 정의

수익은 자산의 증가 또는 부채의 감소를 초래하는 회계연도 동안의 거래로 생긴 순자산의 증가를 말한다. 다만, *회계 간의 재산 이관(지방자치단체의 각 회계 중 어느 하나의 회계에 속하는 재산을 다른 회계의 재산으로 이관하는 것), 물품 소관의 전환(지방자치단체의 소관 물품을 같은 지방자치단체의 다른 물품관리관의 소관으로 전환하는 것), **기부채납 등으로 생긴 순자산의 증가는 수익에 포함하지 아니한다. 비용은 자산의 감소나 부채의 증가를 초래하는 회계연도 동안의 거래로 생긴 순자산의 감소를 말한다. 다만, *회계 간의 재산 이관, 물품 소관의 전환 등으로 생긴 순자산의 감소는 비용에 포함하지 아니한다.

**수익은 재원조달의 원천에 따라 다음과 같이 구분한다.

> ① 자체조달수익: 지방자치단체가 독자적인 과세 권한과 자체적인 징수활동을 통하여 조달한 수익
> ② 정부간이전수익: 회계실체가 국가 또는 다른 지방자치단체로부터 이전받은 수익
> ③ 기타수익: ① 및 ② 외의 수익

(2) 수익과 비용의 인식기준

수익은 다음과 같이 인식한다.

> ① ***교환거래로 생긴 수익은 재화나 서비스 제공의 반대급부로 생긴 사용료, 수수료 등으로서 수
>   익창출활동이 끝나고 그 금액을 합리적으로 측정할 수 있을 때에 인식한다.
> ② 비교환거래로 생긴 수익은 직접적인 반대급부 없이 생기는 지방세, *보조금, 기부금 등으로서 해
>   당수익에 대한 청구권이 발생하고 그 금액을 *합리적으로 측정할 수 있을 때에 인식한다.

비용은 다음과 같이 인식한다.

> ① 교환거래에 따르는 비용은 반대급부로 발생하는 급여, 지급수수료, 임차료, 수선유지비 등으로
>   서 대가를 지급하는 조건으로 민간부문이나 다른 공공부문으로부터 *재화와 서비스의 제공이
>   끝나고 그 금액을 합리적으로 측정할 수 있을 때에 인식한다.
> ② 비교환거래에 의한 비용은 직접적인 반대급부 없이 발생하는 보조금, 기부금 등으로서 *가치의
>   이전에 대한 의무가 존재하고 그 금액을 합리적으로 측정할 수 있을 때에 인식한다.

제3절 | 기타 재무제표 등

1 순자산변동표

(1) 중앙관서 또는 기금

순자산변동표는 회계연도 동안 순자산의 변동명세를 표시하는 재무제표로 기업회계의 자본변동표에 해당한다. *중앙관서 또는 기금의 순자산변동표는 기초순자산, 재정운영결과, 재원의 조달 및 이전, 조정항목(투자증권평가손익, 자산재평가이익, 보험수리적손익 및 기타 순자산의 증감 등), 기말순자산으로 구분하여 표시한다. 비교환수익은 사업형 회계실체의 경우 재정운영표에 표시하지만, 행정형 회계실체는 순자산변동표의 '재원의 조달 및 이전'에 표시한다.

	기본순자산	*적립금 및 잉여금	순자산조정	합계
I. 기초순자산	XXX	XXX	XXX	XXX
1. 보고금액	XXX	XXX	XXX	XXX
2. 전기오류수정손익	XXX	XXX	XXX	XXX
3. 회계변경누적효과	XXX	XXX	XXX	XXX
II. 재정운영결과		XXX		XXX
III. *재원의 조달 및 이전		XXX		XXX
1. 재원의 조달		XXX		XXX
(1) 국고수입		XXX		XXX
(2) 부담금수익		XXX		XXX
(3) 제재금수익 등		XXX		XXX
2. 재원의 이전		XXX		XXX
(1) 국고이전지출		XXX		XXX
(2) 무상이전지출 등		XXX		XXX
IV. 조정항목	XXX	XXX	XXX	XXX
V. *기말순자산(I-II+III+IV)	XXX	XXX	XXX	XXX

(2) 국가

중앙관서 또는 기금의 순자산변동표를 통합하여 작성하는 국가의 순자산변동표는 기초순자산, 재정운영결과, 조정항목, 기말순자산으로 구분하여 표시한다. 중앙관서와 비교하면 '재원의 조달 및 이전' 항목이 없는데, 국가의 관점에서는 중앙관서 사이에서 재원을 이전하는 것이 내부거래에 해당하여 상계되기 때문이다.

(3) 지방자치단체

지방자치단체의 경우 순자산변동표의 구성이 훨씬 직관적인데, 기초순자산, 재정운영결과 그리고 순자산의 증가, 순자산의 감소, 기말순자산으로 표시한다. **순자산의 증가사항은 회계 간의 재산 이관, 물품 소관의 전환, 양여·기부 등으로 생긴 자산증가를 말한다. **순자산의 감소사항은 회계 간의 재산 이관, 물품 소관의 전환, 양여·기부 등으로 생긴 자산감소를 말한다.

	합계
I. 기초순자산	XXX
1. 보고금액	XXX
2. 전기오류수정손익	XXX
3. 회계변경누적효과	XXX
II. 재정운영결과	XXX
III. 순자산의 증가	XXX
1. 회계 간의 재산 이관 및 물품 소관의 전환에 따른 자산증가	XXX
2. 양여·기부로 생긴 자산증가	XXX
3. 기타 순자산의 증가	XXX
IV. 순자산의 감소	XXX
1. 회계 간의 재산 이관 및 물품 소관의 전환에 따른 자산감소	XXX
2. 양여·기부로 생긴 자산감소	XXX
3. 기타 순자산의 감소	XXX
V. 기말순자산(I-II+III-IV)	XXX

2 현금흐름표 기출 18, 20

(1) 국가

현금흐름표는 회계연도 동안의 현금의 유입 및 유출내역을 나타내는 재무제표를 말한다. 국가(부처나 기금 포함)의 현금흐름표는 운영활동, 투자활동, 재무활동으로 인한 현금흐름에 회계연도 초의 현금을 더하여 회계연도 말의 현금을 산출하는 형식으로 표시한다.

> ① 운영활동: 국가의 재정활동 중 ②의 투자활동과 ③의 재무활동에 속하지 않는 활동
> ② 투자활동: 자금의 융자와 회수, 투자증권과 유·무형자산의 취득 및 처분 등의 활동
> ③ 재무활동: 자금의 차입과 상환, 국채의 발행과 상환 등 부채와 순자산에 영향을 미치는 활동

영리를 추구하지 않는 정부회계에서는 영업활동 대신 운영활동이라는 명칭을 사용한다는 점을 제외하고는 기업회계의 현금흐름표와 형식이 유사하다. 운영활동의 경우에는 현금의 유입은 원천별로, 현금의 유출은 용도별로 각각 분류하는 직접법으로 작성하는 것을 원칙으로 한다.

(2) 지방자치단체

지방자치단체의 *현금흐름표는 회계연도 동안의 현금자원의 변동에 관한 정보로서 자금의 원천과 사용 결과를 표시하는 재무제표로서 *경상활동, 투자활동 및 재무활동으로 구성된다. 영업활동이 아닌 경상

활동이라는 명칭을 사용한다는 점이 국가와 다르다.

> ① *경상활동은 지방자치단체의 행정서비스와 관련된 활동으로서 투자활동과 재무활동에 속하지
> 아니하는 거래를 말한다.
> ② *투자활동은 자금의 융자와 회수, 장기투자증권·일반유형자산·주민편의시설·사회기반시설 및
> 무형자산의 취득과 처분 등을 말한다.
> ③ 재무활동은 자금의 차입과 상환, 지방채의 발행과 상환 등을 말한다.

현금흐름표는 회계연도 중의 순현금흐름에 회계연도 초의 현금을 더하여 회계연도 말 현재의 현금을 산출하는 형식으로 표시한다. **현금의 유입과 유출은 회계연도 중의 증가나 감소를 상계하지 아니하고 각각 총액으로 적는다. 다만, 거래가 잦아 총 금액이 크고 단기간에 만기가 도래하는 경우에는 순증감액으로 적을 수 있다. **현물출자로 인한 유형자산 등의 취득, 유형자산의 교환 등 현금의 유입과 유출이 없는 거래 중 중요한 거래에 대하여는 주석으로 공시한다.

3 주석

기업회계와 마찬가지로 주석은 정보이용자에게 충분한 회계정보를 제공하기 위하여 채택한 중요한 회계정책과 재무제표에 중대한 영향을 미치는 사항을 설명한 것을 말한다. 주석에는 다음 사항을 표시한다.

국가	지방자치단체
1. 재무제표 작성기준 및 중요한 회계처리방법 2. 이 규칙에서 주석 공시를 요구하는 사항 3. 재정상태표, 재정운영표, 순자산변동표 및 현금흐름표에 표시되지 않은 사항으로서 재무제표를 이해하는 데 필요한 추가 정보	1. 지방자치단체 회계실체간의 주요 거래내용 2. 타인을 위하여 제공하고 있는 담보보증의 내용 3. 천재지변, 중대한 사고, 파업, 화재 등에 관한 내용과 결과 4. 채무부담행위 및 보증채무부담행위의 종류와 구체적 내용 5. 무상사용허가권이 주어진 기부채납자산의 세부내용 6. 그 밖의 사항으로서 재무제표에 중대한 영향을 미치는 사항과 재무제표의 이해를 위하여 필요한 사항

4 필수보충정보 및 부속명세서

국가회계기준은 개정을 통해 필수보충정보와 부속명세서를 삭제하여 주석으로 통합하였다. 하지만, 지방자치단체회계기준에는 여전히 규정이 남아 있다. 필수보충정보는 재무제표에는 표시하지 아니하였으나, 재무제표의 내용을 보완하고 이해를 돕기 위하여 필수적으로 제공되어야 하는 정보를 말하는데, 지방자치단체의 필수보충정보는 다음과 같다.

국가	지방자치단체
해당 없음	1. 예산결산요약표
	2. 성질별 재정운영표
	일반회계의 재정운영표
	개별 회계실체의 재정운영표
	3. 관리책임자산
	4. 예산회계와 재무회계의 차이에 대한 명세서
	5. 그 밖에 재무제표에는 반영되지 아니하였으나 중요하다고 판단되는 정보

부속명세서는 재무제표에 표시된 회계과목에 대한 세부 명세를 명시할 필요가 있을 때에 추가적인 정보를 제공하기 위한 것을 말한다.

01 국가의 자산은 　　　　　, 　　　　　 및 기타 자산으로 구분하여 재정상태표에 표시한다.

02 지방자치단체의 자산은 유동자산, 투자자산, 일반유형자산, 　　　　　, 　　　　　, 기타비유동자산
　　　으로 분류한다.

03 국가의 순자산은 　　　　　, 　　　　　, 　　　　　로 구분한다.

04 지방자치단체의 순자산은 　　　　　, 　　　　　, 　　　　　로 분류한다.

05 중앙관서 또는 기금의 프로그램별 재정운영표는 　　　　　, 　　　　　, 　　　　　로 구분하여 표시
　　　한다.

06 행정형 회계는 비교환수익을 　　　　　의 　　　　　에 표시하고, 사업형 회계는 비교환수익을
　　　　　　　의 　　　　　에 표시한다.

07 교환수익은 　　　　　이 끝나고 그 금액을 　　　　　에 인식한다.

08 비교환수익은 해당수익에 대한 　　　　　이 발생하고 그 금액을 　　　　　에 인식한다.

09 지방자치단체의 현금흐름표는 회계연도 동안의 현금자원의 변동에 관한 정보로서 자금의 원천과 사
　　　용결과를 표시하는 재무제표로서 　　　　　, 　　　　　 및 　　　　　으로 구성된다.

10 　　　　　는 재무제표에는 표시하지 아니하였으나, 재무제표의 내용을 보완하고 이해를 돕기 위하여
　　　필수적으로 제공되어야 하는 정보를 말한다.

11 　　　　　은 정보이용자에게 충분한 회계정보를 제공하기 위하여 채택한 중요한 회계정책과 재무제
　　　표에 중대한 영향을 미치는 사항을 설명한 것을 말한다.

12 　　　　　는 재무제표에 표시된 회계과목에 대한 세부 명세를 명시할 필요가 있을 때에 추가적인 정
　　　보를 제공하기 위한 것이다.

주요 기출 및 연습문제

기본문제

01 『국가회계기준에 관한 규칙』에서 정한 재정상태표 요소의 구분과 표시에 대한 설명으로 옳지 않은 것은? 2016 국가직 9급

① 재정상태표는 자산, 부채, 순자산으로 구성되며, 자산 항목과 부채 또는 순자산 항목을 상계하지 않고 총액으로 표시한다.

② 자산은 금융자산, 유·무형자산, 유산자산 및 기타 자산으로 구분한다.

③ 부채는 차입부채, 충당부채 및 기타 부채로 구분한다.

④ 순자산은 기본순자산, 적립금 및 잉여금, 순자산조정으로 구분한다.

02 『국가회계기준에 관한 규칙』과 『지방자치단체 회계기준에 관한 규칙』에 대한 설명으로 옳지 않은 것은? 2023 국가직 9급

① 『국가회계기준에 관한 규칙』에 따르면 사회기반시설 중 관리·유지 노력에 따라 취득 당시의 용역 잠재력을 그대로 유지할 수 있는 시설에 대해서는 감가상각하지 아니하고 관리·유지에 투입되는 비용으로 감가상각비용을 대체할 수 있다.

② 『지방자치단체 회계기준에 관한 규칙』에 따르면 자산은 유동자산, 투자자산, 일반유형자산, 주민편의시설, 사회기반시설, 기타비유동자산으로 분류한다.

③ 『지방자치단체 회계기준에 관한 규칙』에 따르면 무형자산은 정액법에 따라 당해 자산을 사용할 수 있는 시점부터 합리적인 기간 동안 상각한다. 다만, 독점적·배타적인 권리를 부여하는 관계 법령이나 계약에서 정한 경우를 제외하고는 20년을 넘을 수 없다.

④ 『국가회계기준에 관한 규칙』에 따르면 현재 세대와 미래 세대를 위하여 정부가 영구히 보존하여야 할 자산으로서 역사적, 자연적, 문화적, 교육적 및 예술적으로 중요한 가치를 갖는 자산은 무형자산으로 인식한다.

정답과 해설

01 정답 ②

해설 문화재와 같은 유산자산은 자산으로 인식하지 아니하고 그 종류와 현황 등을 주석으로 공시한다. 문화재의 가치를 어떻게 신뢰성 있게 측정할 수 있겠는가?

02 정답 ④

해설 『국가회계기준에 관한 규칙』에 따르면 현재 세대와 미래 세대를 위하여 정부가 영구히 보존하여야 할 자산으로서 역사적, 자연적, 문화적, 교육적 및 예술적으로 중요한 가치를 갖는 자산(유산자산)은 자산으로 인식하지 아니하고 그 종류와 현황 등을 주석으로 공시한다.

03 『국가회계기준에 관한 규칙』에 따른 자산에 대한 설명으로 옳지 않은 것은? 2023 국가직 7급

① 자산은 공용 또는 공공용으로 사용되는 등 공공서비스를 제공할 수 있거나 직접적 또는 간접적으로 경제적 효익을 창출하거나 창출에 기여할 가능성이 매우 높고 그 가액을 신뢰성 있게 측정할 수 있을 때에 인식한다.

② 현재 세대와 미래 세대를 위하여 정부가 영구히 보존하여야 할 자산으로서 역사적, 자연적, 문화적, 교육적 및 예술적으로 중요한 가치를 갖는 자산은 자산으로 인식하지 아니하고 그 종류와 현황 등을 주석으로 공시한다.

③ 국가안보와 관련된 자산은 국방부장관과 협의하여 자산으로 인식하지 아니할 수 있다. 이 경우 해당 중앙관서의 장은 해당자산의 종류, 취득시기 및 관리현황 등을 별도의 장부에 기록하지 않는다.

④ 사회기반시설이란 국가의 기반을 형성하기 위해 대규모로 투자하여 건설하고 그 경제적 효과가 장기간에 걸쳐 나타나는 자산을 말한다.

04 『국가회계기준에 관한 규칙』상 비교환수익의 유형에 따른 수익인식기준에 대한 설명으로 옳지 않은 것은? 2015 지방직 9급

① 신고·납부하는 방식의 국세: 납세의무자가 세액을 자진신고 하는 때에 수익으로 인식

② 정부가 부과하는 방식의 국세: 국가가 고지하는 때에 수익으로 인식

③ 연부연납 또는 분납이 가능한 국세: 납세의무자가 납부한 때에 납부한 세액을 수익으로 인식

④ 부담금수익: 청구권이 확정된 때에 그 확정된 금액을 수익으로 인식

정답과 해설

03 **정답** ③

해설 국가안보와 관련된 자산은 국방부장관이 아닌 기획재정부(재정경제부)장관과 협의하여 자산으로 인식하지 아니할 수 있다. 이 경우 해당 중앙관서의 장은 해당 자산의 종류, 취득시기 및 관리현황 등을 별도의 장부에 기록하여야 한다.

04 **정답** ③

해설 연부연납 또는 분납이 가능한 국세는 징수할 세금이 확정된 때에 그 납부할 세액 전체를 수익으로 인식한다. 납세의무자가 세금을 나누어 납부한 각각을 수익으로 인식하는 것이 아니다.

05 『국가회계기준에 관한 규칙』상 수익의 인식기준에 대한 설명으로 옳지 않은 것은? 2018 지방직 9급
① 신고·납부하는 방식의 국세는 납세의무자가 세액을 자진신고하는 때 수익으로 인식한다.
② 정부가 부과하는 방식의 국세는 국가가 고지하는 때 수익으로 인식한다.
③ 연부연납(年賦延納) 또는 분납이 가능한 국세는 세금이 징수되는 시점에 분납되는 세액을 수익으로 인식한다.
④ 원천징수하는 국세는 원천징수의무자가 원천징수한 금액을 신고·납부하는 때에 수익으로 인식한다.

06 『국가회계기준에 관한 규칙』상 중앙관서 또는 기금의 재정운영표에 대한 설명으로 옳지 않은 것은?
2022 국가직 9급
① 재정운영표는 회계연도 동안 수행한 정책 또는 사업의 원가와 재정운영에 따른 원가의 회수명세 등을 포함한 재정운영결과를 나타내는 재무제표를 말한다.
② 중앙관서 또는 기금의 프로그램별 재정운영표는 프로그램순원가, 재정운영순원가, 재정운영결과로 구분하여 표시한다.
③ 프로그램순원가는 프로그램을 수행하기 위해 투입한 원가 합계에서 다른 프로그램으로부터 배부받은 원가를 빼고, 다른 프로그램에 배부한 원가는 더하며, 프로그램의 수행과정에서 발생한 수익을 빼서 표시한다.
④ 비배분비용은 국가회계실체에서 발생한 비용 중 프로그램에 대응되지 않는 비용이며, 비배분수익은 국가회계실체에서 발생한 수익 중 프로그램에 대응되지 않는 수익이다.

05 정답 ③
해설 연부연납 또는 분납이 가능한 국세는 징수할 세금이 확정된 때에 그 납부할 세액 전체를 수익으로 인식한다.
06 정답 ③
해설 프로그램순원가는 프로그램을 수행하기 위해 투입한 원가 합계에서 다른 프로그램으로부터 배부받은 원가를 '더하고', 다른 프로그램에 배부한 원가는 '빼며', 프로그램의 수행과정에서 발생한 수익을 빼서 표시한다.

07 다음은 지방자치단체 A의 20×1년 재무제표 작성을 위한 자료이다. (단, 아래 이외의 다른 거래는 없다)

> • 20×1년 지방자치단체 A가 운영한 사업의 총원가는 ₩500,000이며, 사용료수익은 ₩200,000이다.
> • 20×1년 관리운영비 ₩100,000이 발생하였다.
> • 20×1년 사업과 관련이 없는 자산처분이익 ₩50,000과 이자비용 ₩10,000이 발생하였다.
> • 20×1년 지방세수익은 ₩200,000이다.

20×1년 지방자치단체 A의 재정운영표상 재정운영순원가와 재정운영결과를 바르게 연결한 것은?

2022 국가직 9급

	재정운영순원가	재정운영결과
①	₩100,000	₩360,000
②	₩160,000	₩360,000
③	₩360,000	₩100,000
④	₩360,000	₩160,000

08 『국가회계기준에 관한 규칙』상 비교환수익 유형에 따른 수익인식기준에 대한 설명으로 옳지 않은 것은?

2023 국가직 9급

① 원천징수하는 국세: 원천징수의무자가 납세의무자로부터 세액을 원천징수할 때 수익으로 인식

② 정부가 부과하는 방식의 국세: 국가가 고지하는 때에 수익으로 인식

③ 분납이 가능한 국세: 징수할 세금이 확정된 때에 그 납부할 세액 전체를 수익으로 인식

④ 부담금수익: 청구권 등이 확정된 때에 그 확정된 금액을 수익으로 인식

정답과 해설

07 **정답** ④

해설 사업순원가 = 총원가 ₩500,000 - 사용료수익 ₩200,000 = ₩300,000

재정운영순원가 = 사업순원가 ₩300,000 + 관리운영비 ₩100,000 + 비배분비용(이자비용) ₩10,000 - 비배분수익(자산처분이익) ₩50,000 = ₩360,000

재정운영결과 = 재정운영순원가 ₩360,000 - 비교환수익(지방세수익) ₩200,000 = ₩160,000

08 **정답** ①

해설 원천징수하는 국세는 원천징수의무자가 원천징수한 금액을 신고·납부하는 때에 수익으로 인식한다.

09 다음은 지방자치단체 A의 20×1년 재무제표 작성을 위한 자료이다.

• 사업총원가	₩200,000	• 일반수익	₩40,000
• 비배분수익	₩20,000	• 비배분비용	₩30,000
• 관리운영비	₩50,000	• 사업수익	₩70,000

20×1년 지방자치단체 A의 재정운영표상 재정운영결과는? 2023 지방직 9급

① ₩130,000

② ₩150,000

③ ₩160,000

④ ₩190,000

09 정답 ②

해설 사업순원가 = 사업총원가 ₩200,000 - 사업수익 ₩70,000 = ₩130,000

재정운영순원가 = 사업순원가 ₩130,000 + 관리운영비 ₩50,000 + 비배분비용 ₩30,000 - 비배분수익 ₩20,000 = ₩190,000

재정운영결과 = 재정운영순원가 ₩190,000 - 일반수익 ₩40,000 = ₩150,000

10 다음은 중앙관서 A의 기업특별회계(사업형회계) 프로그램 관련 자료이다. 중앙관서 A의 재정운영표에 대한 설명으로 옳지 않은 것은?

2024 국가직 9급

(단위: ₩)

세출		재무계정과목	금액	비고
프로그램/단위사업	목			
물자 및 시설조달	연구개발비	연구개발비	30,000	프로그램총원가
	-	감가상각비	1,000	프로그램총원가
전자조달운영	인건비	인건비	500	프로그램총원가
-	-	감가상각비	300	비배분비용
	-	자산처분손실	200	비배분비용
조달행정지원	인건비	인건비	40,000	행정운영성경비

세입(목)	재무계정과목	금액	관련 프로그램	비고
내자구매사업수입	재화및용역제공수익	20,000	물자 및 시설조달	프로그램수익
토지대여료	재화및용역제공수익	1,000	-	비배분수익
위약금	제재금수익	1,000	-	비교환수익

① 프로그램순원가는 ₩11,500이다.

② 관리운영비는 ₩40,000이다.

③ 재정운영순원가는 ₩51,500이다.

④ 재정운영결과는 ₩50,000이다.

11 『국가회계기준에 관한 규칙』상 수익의 인식기준에 대한 설명으로 옳지 않은 것은? 2024 국가직 7급

① 신고·납부하는 방식의 국세는 납세의무자가 세액을 자진신고하는 때에 수익으로 인식한다.

② 정부가 부과하는 방식의 국세는 국가가 고지하는 때에 수익으로 인식한다.

③ 원천징수하는 국세는 원천징수의무자가 원천징수한 금액을 신고·납부하는 때에 수익으로 인식한다.

④ 분납이 가능한 국세는 징수할 세금이 납부된 때에 그 납부된 세액을 수익으로 인식한다.

10 **정답** ③

해설 프로그램순원가 = 프로그램총원가 (₩30,000 + ₩1,000 + ₩500) - 프로그램수익 ₩20,000 = ₩11,500

행정운영성경비 ₩40,000은 관리운영비에 해당한다.

재정운영순원가 = 프로그램순원가 ₩11,500 + 관리운영비 ₩40,000 - 비배분수익 ₩1,000 + 비배분비용 (₩300 + ₩200) = ₩51,000

재정운영결과 = 재정운영순원가 ₩51,000 - 비교환수익 ₩1,000 = ₩50,000

11 **정답** ④

해설 분납이 가능한 국세는 징수할 세금이 확정된 때에 (이후에 나누어 납부할 부분을 포함한) 그 납부할 세액 전체를 수익으로 인식한다. 나눠서 낼 때 나눠내는 부분(납부된 세액)만을 수익으로 인식하는 것이 아니다.

12 『국가회계기준에 관한 규칙』상 자산의 인식기준으로 옳지 않은 것은?　　2015 국가직 7급

① 자산은 공용 또는 공공용으로 사용되는 등 공공서비스를 제공할 수 있거나 직접적 또는 간접적으로 경제적 효익을 창출하거나 창출에 기여할 가능성이 매우 높아야 한다.

② 자산은 그 가액을 신뢰성 있게 측정할 수 있어야 한다.

③ 국가안보와 관련된 자산은 기획재정부(재정경제부)장관과 협의하여 자산으로 인식하지 아니할 수 있다.

④ 현재 세대와 미래 세대를 위하여 정부가 영구히 보존하여야 할 자산으로서 역사적, 자연적, 문화적, 교육적 및 예술적으로 중요한 가치를 갖는 유산자산은 재정상태표상 자산으로 인식한다.

13 『국가회계기준에 관한 규칙』상 재정상태표에 대한 설명으로 옳은 것은?　　2016 국가직 7급

① 자산은 유동자산, 투자자산, 일반유형자산, 사회기반시설, 주민편의시설 및 기타비유동자산으로 구분한다.

② 부채의 가액은『국가회계기준에 관한 규칙』에서 따로 정한 경우를 제외하고는 원칙적으로 현재가치로 평가한다.

③ 국가안보와 관련된 자산과 부채는 기획재정부(재정경제부)장관과 협의하여 자산과 부채로 인식하지 아니할 수 있다.

④ 순자산은 고정순자산, 특정순자산 및 일반순자산으로 분류한다.

12 정답 ④

해설 현재 세대와 미래 세대를 위하여 정부가 영구히 보존하여야 할 자산으로서 역사적, 자연적, 문화적, 교육적 및 예술적으로 중요한 가치를 갖는 자산(유산자산)은 자산으로 인식하지 아니하고 그 종류와 현황 등을 주석으로 공시한다. 문화재의 값을 어떻게 매길 수 있나!

13 정답 ③

해설 ① 지방자치 회계상의 구분이다. 국가회계에서는 주민편의시설이 자산분류에 포함되지 않고, 금융자산, 유·무형자산 및 기타자산으로 구분하여 표시한다.

② 부채의 평가는 원칙적으로 만기상환가액으로 평가한다.

④ 지방자치 회계상의 구분이다. 국가회계에서 순자산은 기본순자산, 적립금 및 잉여금, 순자산조정으로 구분한다.

14 다음은 어느 지방자치단체의 재정운영표 내용이다. 재정운영순원가는?　　　　2015 국가직 9급

• 사업총원가	₩117,000	• 사업수익	₩39,000
• 관리운영비	₩65,000	• 비배분비용	₩47,000
• 비배분수익	₩38,000	• (일반)수익	₩37,000

① ₩106,000

② ₩115,000

③ ₩143,000

④ ₩152,000

15 『지방자치단체 회계기준에 관한 규칙』에 대한 설명으로 옳지 않은 것은?　　　　2016 지방직 9급

① 순자산은 특정순자산, 고정순자산, 일반순자산으로 분류되는데, 일반순자산은 고정순자산과 특정순자산을 제외한 나머지 금액을 의미한다.

② 지방세, 보조금 등의 비교환거래로 생긴 수익은 비록 금액을 합리적으로 측정할 수 없더라도 해당 수익에 대한 청구권이 발생한 시점에 수익으로 인식한다.

③ 일반유형자산과 주민편의시설 중 상각대상 자산에 대한 감가상각은 정액법을 원칙으로 한다.

④ 문화재, 예술작품, 역사적 문건 및 자연자원은 자산으로 인식하지 아니하고 필수보충정보의 관리책임 자산으로 보고한다.

정답과 해설

14　**정답** ④

해설 사업순원가 = 사업총원가 ₩117,000 - 사업수익 ₩39,000 = ₩78,000

재정운영순원가 = 사업순원가 ₩78,000 + 관리운영비 ₩65,000 + 비배분비용 ₩47,000 - 비배분수익 ₩38,000 = ₩152,000

※ 재정운영결과 = 재정운영순원가 ₩152,000 - 일반수익 ₩37,000 = ₩115,000

15　**정답** ②

해설 비교환거래로 생긴 수익은 직접적인 반대급부 없이 생기는 지방세, 보조금, 기부금 등으로서 해당수익에 대한 청구권이 발생하고 그 금액을 합리적으로 측정할 수 있을 때에 인식한다. 금액을 합리적으로 측정할 수 없다면 재무제표에 도대체 얼마로 인식해야 한단 말인가?

16 『국가회계기준에 관한 규칙』의 내용으로 옳지 않은 것은? 2017 국가직 7급

① 자산, 부채 및 순자산은 총액으로 표시한다. 이 경우 자산 항목과 부채 또는 순자산 항목을 상계함으로써 그 전부 또는 일부를 재정상태표에서 제외해서는 아니 된다.

② 정부가 부과하는 방식의 국세는 납세의무자가 세액을 납부하는 때에 수익으로 인식한다.

③ 압수품 및 몰수품 중 화폐성자산은 압류 또는 몰수 당시의 시장가격으로 평가한다.

④ 순자산은 자산에서 부채를 뺀 금액을 말하며, 기본순자산, 적립금 및 잉여금, 순자산조정으로 구분한다.

17 지방자치단체 수익에 대한 설명으로 옳지 않은 것은? 2018 국가직 9급

① 지방자치단체가 과세권을 바탕으로 징수하는 세금은 자체조달수익으로 분류한다.

② 지방자치단체가 기부채납방식으로 자산을 기부받는 경우 기부시점에 수익으로 인식한다.

③ 회계실체가 국가 또는 다른 지방자치단체로부터 이전받은 수익은 정부간이전수익으로 분류한다.

④ 교환거래로 생긴 수익은 수익창출이 끝나고 그 금액을 합리적으로 측정할 수 있을 때에 인식한다.

18 『국가회계기준에 관한 규칙』상 '수익과 비용'에 대한 설명으로 옳지 않은 것은? 2018 국가직 7급

① 부담금수익은 청구권 등이 확정된 때에 그 확정된 금액을 수익으로 인식한다.

② 몰수품이 화폐성 자산이어서 몰수한 때에 금액을 확정할 수 있는 경우에는 몰수한 때에 수익으로 인식한다.

③ 재화나 용역의 제공 등 국가재정활동 수행을 위하여 자산이 감소한 경우 금액을 합리적으로 측정할 수 없더라도 비용을 인식한다.

④ 과거에 자산으로 인식한 자산의 미래 경제적 효익이 감소 또는 소멸하거나 자원의 지출 없이 부채가 발생 또는 증가한 것이 명백한 때에 비용으로 인식한다.

정답과 해설

16 **정답** ②
> **해설** 정부가 부과하는 방식의 국세는 국가가 고지하는 때에 수익으로 인식한다.

17 **정답** ②
> **해설** 수익은 자산의 증가 또는 부채의 감소를 초래하는 회계연도 동안의 거래로 생긴 순자산의 증가를 말한다. 다만, 회계 간의 재산 이관, 물품 소관의 전환, 기부채납 등으로 생긴 순자산의 증가는 수익에 포함하지 아니한다.

18 **정답** ③
> **해설** 비용은 재화나 용역의 제공 등 국가재정활동 수행을 위하여 자산이 감소하고 그 금액을 합리적으로 측정할 수 '있을 때' 또는 법령 등에 따라 지출에 대한 의무가 존재하고 그 금액을 합리적으로 측정할 수 있을 때에 비용으로 인식한다.

19 다음의 자료를 이용하여 중앙관서 A의 재정운영표를 작성하는 경우 재정운영순원가는?

2019 국가직 9급

• 프로그램순원가	₩300,000	• 관리운영비	₩150,000
• 이자비용	₩130,000	• 유형자산처분이익	₩150,000
• 부담금수익	₩30,000	• 채무면제이익	₩300,000

① ₩150,000

② ₩220,000

③ ₩380,000

④ ₩430,000

20 『국가회계기준에 관한 규칙』의 수익과 비용에 대한 설명으로 옳은 것은?

2021 국가직 7급

① 정부가 부과하는 방식의 국세는 납세의무자가 세액을 자진신고하는 때에 수익으로 인식한다.

② 신고·납부하는 방식의 국세는 국가가 고지하는 때에 수익으로 인식한다.

③ 원가는 중앙관서의 장 또는 기금관리주체가 프로그램의 목표를 달성하고 성과를 창출하기 위하여 직접적·간접적으로 투입한 경제적 자원의 가치를 말한다.

④ 재화나 용역제공 등 국가재정활동 수행을 위해 자산이 감소하고 그 금액을 합리적으로 측정할 수 있을 때 또는 금액을 합리적으로 측정할 수 없더라도 법령 등에 따라 지출에 대한 의무가 존재한다면 비용으로 인식한다.

정답과 해설

19 **정답** ④

해설 재정운영순원가 = 프로그램순원가 ₩300,000 + 관리운영비 ₩150,000 + 비배분비용(이자비용) ₩130,000 - 비배분수익 (유형자산처분이익) ₩150,000 = ₩430,000

※ 부담금수익과 채무면제이익은 비교환수익에 해당한다.

20 **정답** ③

해설 ① 정부가 부과하는 방식의 국세는 국가가 '고지하는 때'에 수익으로 인식한다.

② 신고·납부하는 방식의 국세는 납세의무자가 세액을 '자진신고하는 때'에 수익으로 인식한다.

④ 재화나 용역제공 등 국가재정활동 수행을 위해 자산이 감소하고 그 금액을 합리적으로 측정할 수 있을 때 또는 법령 등에 따라 지출에 대한 의무가 존재하고 그 금액을 '합리적으로 측정할 수 있을 때'에 비용으로 인식한다.

21 중앙관서 A 부처는 B 기업과 'XYZ'수익이 발생하는 계약을 체결하였다. 계약기간은 20×1년 10월 1일부터 20×2년 9월 30일까지이며, 계약금액은 ₩100,000이다. 계약서상 A 부처는 20×1년 12월 1일 ₩40,000, 20×2년 6월 1일 ₩60,000을 청구할 수 있다. 'XYZ'수익이 교환수익과 비교환수익에 해당될 경우, A 부처의 수익인식에 대한 설명으로 옳은 것은? (단, 기간은 월할 계산한다)

2022 국가직 7급

① 교환수익에 해당할 경우 20×1년도에 인식할 수익은 ₩0이다.

② 교환수익에 해당할 경우 20×2년도에 인식할 수익은 ₩40,000이다.

③ 비교환수익에 해당할 경우 20×1년도에 인식할 수익은 ₩25,000이다.

④ 비교환수익에 해당할 경우 20×2년도에 인식할 수익은 ₩60,000이다.

22 『국가회계예규』의 '원가계산에 관한 지침'에 대한 설명으로 옳지 않은 것은? 2022 국가직 7급

① 원가는 신뢰할 수 있는 객관적인 자료와 주관적인 증거에 의하여 계산하며, 국가회계실체가 프로그램 예산체계에 따라 집행한 예산을 현금주의의 원칙에 따라 계산한다.

② 국가회계실체는 그 활동의 특성에 따라 행정형 회계와 사업형 회계로 구분되며, 정부원가계산은 회계의 내용에 따라 그 계산방식을 달리할 수 있다.

③ 각 중앙관서의 장은 사업관리자, 예산편성 관계자 등 정보이용자의 요구에 의해 주요 사업의 원가자료를 제공할 수 있도록 원가 집계 대상에 따라 원가를 산출하여 관리하되, 재정운영표에는 프로그램별로 총원가와 순원가를 표시하여야 한다.

④ 원가계산기간은 『국가회계법』에서 정하는 회계연도와 일치하여야 한다. 다만, 내부관리 목적으로 월별 또는 분기별 등으로 세분하여 원가계산을 실시할 수 있다.

정답과 해설

21 **정답** ④

해설 (1) 교환수익에 해당할 경우

교환수익은 수익창출 활동이 끝나고 그 금액을 합리적으로 측정할 수 있을 때에 인식하며, 기간단위의 계약은 기간배분에 따라 인식한다. 따라서, 20X1년에 ₩25,000(= ₩100,000 × 3개월/12개월), 20X2년에 ₩75,000을 수익으로 인식한다.

(2) 비교환수익에 해당할 경우

비교환수익은 해당 수익에 대한 청구권이 발생하고 그 금액을 합리적으로 측정할 수 있을 때에 인식한다. 따라서 계약서상 청구할 수 있는 금액인 ₩40,000(20X1년), ₩60,000(20X2년)을 수익으로 인식한다.

22 **정답** ①

해설 원가는 신뢰할 수 있는 객관적인 자료와 증거(주관적인 증거가 아님)에 의하여 계산하며, 국가회계실체가 프로그램 예산체계에 따라 집행한 예산을 발생주의(현금주의 아님)의 원칙에 따라 계산한다.

23 『국가회계기준에 관한 규칙』에 따른 A 부처 기타특별회계의 재정운영순원가는? 2023 국가직 7급

• 프로그램 수익	₩30,000	• 프로그램 총원가	₩200,000
• 비배분수익	₩10,000	• 비배분비용	₩15,000
• 비교환수익	₩12,000	• 관리운영비	₩50,000

① ₩213,000

② ₩225,000

③ ₩235,000

④ ₩237,000

24 중앙부처 A의 20×1년 재무제표 작성을 위한 자료가 다음과 같을 때, 재정운영표상 재정운영순원가는? 2024 국가직 7급

- 프로그램총원가 ₩35,000과 프로그램수익 ₩15,000이 발생하였다.
- 행정 운영을 위해 발생한 인건비 ₩7,000과 경비 ₩3,000은 모두 관리운영비로 인식하였다.
- 프로그램 운영과 관련이 없는 이자수익 ₩6,000과 자산처분손실 ₩7,000이 발생하였다.
- 제재금수익은 ₩10,000, 부담금수익은 ₩5,000이다.

① ₩16,000

② ₩20,000

③ ₩31,000

④ ₩35,000

23 **정답** ②

해설 프로그램순원가 = 프로그램총원가 ₩200,000 - 프로그램수익 ₩30,000 = ₩170,000

재정운영순원가 = 프로그램순원가 ₩170,000 + 관리운영비 ₩50,000 + 비배분비용 ₩15,000 - 비배분수익 ₩10,000 = ₩225,000

24 **정답** ③

해설 프로그램순원가 = 프로그램총원가 ₩35,000 - 프로그램수익 ₩15,000 = ₩20,000

재정운영순원가 = 프로그램순원가 ₩20,000 + 관리운영비 (인건비 ₩7,000 + 경비 ₩3,000) + 비배분비용(자산처분손실) ₩7,000 - 비배분수익(이자수익) ₩6,000 = ₩31,000

※ 제재금수익과 부담금수익은 비교환수익에 해당한다.

25 『국가회계기준에 관한 규칙』과 『지방자치단체 회계기준에 관한 규칙』의 수익과 비용에 대한 설명으로 가장 옳지 않은 것은?

2024 서울시 7급

① 국가의 수익은 국가의 재정활동과 관련하여 재화 또는 용역을 제공한 대가로 발생하거나, 직접적인 반대급부 없이 법령에 따라 납부의무가 발생한 금품의 수납 또는 자발적인 기부금 수령 등에 따라 발생하는 순자산의 증가를 말한다.

② 지방자치단체의 수익은 재원조달의 원천에 따라 자체조달수익, 정부간이전수익, 기타수익으로 구분한다.

③ 국가의 부담금수익, 기부금수익, 무상이전수입은 청구권 등이 확정된 때에 그 확정된 금액을 수익으로 인식한다.

④ 국가의 교환수익은 수익창출 활동이 끝나지 않더라도, 그 금액을 합리적으로 측정할 수 있을 때에 인식한다.

26 『지방자치단체 회계기준에 관한 규칙』상 현금흐름표에 대한 설명으로 옳지 않은 것은?

2020 지방직 9급

① 현금흐름표는 회계연도 동안의 현금자원의 변동 즉, 자금의 원천과 사용결과를 표시하는 재무제표로서 영업활동, 투자활동, 재무활동으로 구분하여 표시한다.

② 현금의 유입과 유출은 회계연도 중의 증가나 감소를 상계하지 아니하고 각각 총액으로 적는 것이 원칙이지만, 거래가 잦아 총 금액이 크고 단기간에 만기가 도래하는 경우에는 순증감액으로 적을 수 있다.

③ 현물출자로 인한 유형자산 등의 취득, 유형자산의 교환 등 현금의 유입과 유출이 없는 거래 중 중요한 거래에 대하여는 주석으로 공시한다.

④ 투자활동은 자금의 융자와 회수, 장기투자증권·일반유형자산·주민편의시설·사회기반시설 및 무형자산의 취득과 처분 등을 말한다.

25 **정답** ④
해설 국가의 교환수익은 수익창출 활동이 '끝나고' 그 금액을 합리적으로 측정할 수 있을 때에 인식한다.

26 **정답** ①
해설 지방자치단체의 현금흐름표는 영업활동이 아닌 경상활동으로 표시한다.

27 『지방자치단체 회계기준에 관한 규칙』에 대한 다음의 설명 중 가장 옳지 않은 것은?　　2016 서울시 9급
① 무상으로 취득한 자산의 가액은 공정가액을 취득원가로 한다.
② 재정운영순원가는 사업순원가에서 관리운영비 및 비배분비용은 더하고, 비배분수익을 빼서 표시한다.
③ 자산은 미래에 공공서비스를 제공할 수 있거나 직접적 또는 간접적으로 경제적 효익을 창출하거나 창출에 기여할 가능성이 높고 그 가액을 신뢰성 있게 측정할 수 있을 때에 인식한다.
④ 지방자치단체의 재무제표는 일반회계·기타특별회계·기금회계 및 지방공기업특별회계의 유형별 재무제표를 통합하여 작성한다. 이 경우 내부거래는 상계하고 작성한다.

28 『국가회계기준에 관한 규칙』상 자산의 정의와 인식기준으로 가장 옳지 않은 것은?　　2017 서울시 7급
① 자산은 공용 또는 공공용으로 사용되는 등 공공서비스를 제공할 수 있거나 직접적 또는 간접적으로 경제적 효익을 창출하거나 창출에 기여할 가능성이 매우 높고 그 가액을 신뢰성 있게 측정할 수 있을 때에 인식한다.
② 현재 세대와 미래 세대를 위하여 정부가 영구히 보존하여야 할 자산으로서 역사적, 자연적, 문화적, 교육적 및 예술적으로 중요한 가치를 갖는 유산자산은 자산으로 인식하지 아니하고 그 종류와 현황 등을 주석으로 공시한다.
③ 국가안보와 관련된 자산은 기획재정부(재정경제부)장관과 협의하여 자산으로 인식하지 아니할 수 있다. 이 경우 해당 중앙관서의 장은 해당 자산의 종류, 취득시기 및 관리현황 등을 별도의 장부에 기록하여야 한다.
④ 자산은 과거의 거래나 사건의 결과로 현재 국가 회계실체가 소유(실질적으로 소유하는 경우를 제외한다)하고 있는 자원으로서 미래에 공공서비스를 제공할 수 있거나 직접 또는 간접적으로 경제적 효익을 창출할 것으로 기대하는 자원을 말한다.

27　정답 ③
해설 『지방자치단체 회계기준에 관한 규칙』에 의하면 자산은 미래에 공공서비스를 제공할 수 있거나 직접적 또는 간접적으로 경제적 효익을 창출하거나 창출에 기여할 가능성이 '매우' 높고 그 가액을 신뢰성 있게 측정할 수 있을 때에 인식한다.
28　정답 ④
해설 회계는 형식보다는 거래의 실질을 중시한다. 실질적으로 소유하는 경우는 당연히 소유에 '포함'한다.

29 『지방자치단체 회계기준에 관한 규칙』에 대한 설명 중 가장 옳지 않은 것은?　　2018 서울시 9급

① 지방자치단체의 재무제표는 일반회계·기타특별회계·기금회계 및 지방공기업특별회계의 유형별 재무제표를 통합하여 작성한다.

② 현금흐름표는 회계연도 동안의 현금자원의 변동에 관한 정보로서 자금의 원천과 사용결과를 표시하는 재무제표로서 경상활동, 투자활동 및 재무활동으로 구성된다.

③ 재정운영표의 수익과 비용은 그 발생원천에 따라 명확하게 분류하여야 하며, 해당 항목의 중요성에 따라 별도의 과목으로 표시하거나 다른 과목과 통합하여 표시할 수 있다.

④ 재정상태표의 순자산은 지방자치단체의 기능과 용도를 기준으로 고정순자산과 일반순자산의 2가지로 분류한다.

30 『지방자치단체 회계기준에 관한 규칙』의 재정상태표에 대한 설명으로 가장 옳지 않은 것은?

2019 서울시 7급

① 재정상태표는 특정 시점의 회계실체의 자산과 부채의 내역 및 상호관계 등 재정상태를 나타내는 재무제표로서 자산·부채 및 자본으로 구성된다.

② 부채는 회계실체가 부담하는 현재의 의무를 이행하기 위하여 경제적 효익이 유출될 것이 거의 확실하고 그 금액을 신뢰성 있게 측정할 수 있을 때에 인식한다.

③ 자산과 부채는 유동성이 높은 항목부터 배열하는 것을 원칙으로 한다.

④ 가지급금이나 가수금 등의 미결산항목은 그 내용을 나타내는 적절한 과목으로 표시하고, 비망계정은 재정상태표의 자산 또는 부채항목으로 표시하지 않는다.

정답과 해설

29 **정답** ④

해설 순자산은 지방자치단체의 기능과 용도를 기준으로 고정순자산, 특정순자산 및 일반순자산으로 분류한다.

30 **정답** ①

해설 소유주가 없는 정부와 지방자치단체는 자본 대신 순자산이라는 용어를 사용한다.

31 다음의 자료를 이용하여 지방자치단체의 재정상태보고서에 표시될 순자산항목의 금액을 올바르게 표시한 것은?

2014 공인회계사

• 자산총계	₩1,900,000
• 부채총계	₩1,000,000
• 일반유형자산, 주민편의시설, 사회기반시설투자액	₩900,000
• 무형자산투자액	₩200,000
• 일반유형자산 등의 투자재원을 위해 조달된 차입금	₩450,000
• 적립성기금의 원금	₩150,000

	고정순자산	특정순자산	일반순자산
①	₩650,000	₩50,000	₩200,000
②	₩450,000	₩150,000	₩300,000
③	₩650,000	₩150,000	₩100,000
④	₩650,000	₩0	₩250,000
⑤	₩450,000	₩0	₩450,000

32 다음은 『지방자치단체 회계기준에 관한 규칙』에 대한 설명이다. 옳지 않은 것은?

2015 공인회계사

① 비교환거래로 생긴 수익은 직접적인 반대급부 없이 생기는 지방세, 보조금, 기부금 등으로서 해당수익에 대한 청구권이 발생하고 그 금액을 합리적으로 측정할 수 있을 때에 인식한다.

② 일반유형자산은 공공서비스의 제공을 위하여 1년 이상 반복적 또는 계속적으로 사용되는 자산으로서 토지, 건물, 입목, 주민편의를 위한 주차장 등을 말한다.

③ 재정운영표는 회계연도 동안 회계실체가 수행한 사업의 원가와 회수된 원가 정보를 포함한 재정운영결과를 나타내는 재무제표로 사업순원가, 재정운영순원가, 재정운영결과로 구분하여 표시한다.

④ 장기연불조건의 매매거래, 장기금전대차거래 또는 이와 유사한 거래에서 발생하는 채권·채무로서 명목가액과 현재가치의 차이가 중요한 경우에는 이를 현재가치로 평가한다.

⑤ 문화재, 예술작품, 역사적 문건 및 자연자원은 자산으로 인식하지 아니하고 필수보충정보의 관리책임자산으로 보고한다.

정답과 해설

31 정답 ③

해설 고정순자산 = 일반유형자산, 주민편의시설, 사회기반시설투자액 ₩900,000 + 무형자산투자액 ₩200,000 - 일반유형자산 투자재원을 위해 조달된 차입금 ₩450,000 = ₩650,000

특정순자산 = 적립성기금의 원금 ₩150,000

일반순자산 = 순자산(자산총계 ₩1,900,000 - 부채총계 ₩1,000,000) - 고정순자산 ₩650,000 - 특정순자산 ₩150,000 = ₩100,000

32 정답 ②

해설 주민편의를 위한 주차장은 일반유형자산이 아닌 주민편의시설에 해당한다.

33 다음 중『지방자치단체 회계기준에 관한 규칙』에 대한 설명으로 옳은 것은? 2016 공인회계사 수정

① 유형별 회계실체는『지방재정법』에 따른 일반회계 및 특별회계와『지방자치단체 기금관리기본법』에 따른 기금으로서 재무제표를 작성하는 최소 단위를 말한다.

② 재무보고는 당기의 수입이 당기의 서비스를 제공하기에 충분하였는지에 관한 정보는 제공하지만, 미래의 납세자가 과거에 제공된 서비스에 대한 부담을 지게 되는지에 대한 기간간 형평성에 관한 정보는 제공하지 못한다.

③ 개별 회계실체의 재무제표를 작성할 때에는 지방자치단체 안의 다른 개별 회계실체와의 내부거래를 상계한다.

④ 재무제표는 지방자치단체의 재정상황을 표시하는 중요한 요소로서 재정상태표, 재정운영표, 현금흐름표, 순자산변동표, 주석으로 구성된다.

⑤ 지방자치단체의 재무제표는 일반회계·기타특별회계·기금회계의 유형별 재무제표를 통합하여 작성하며, 지방공기업특별회계는 포함하지 아니한다.

34 다음 중『국가회계기준에 관한 규칙』에 대한 설명으로 옳은 것은? 2018 공인회계사

① 국가회계실체란『국가재정법』에 따른 일반회계, 특별회계 및 기금으로서 개별 회계실체, 유형별 회계실체 및 통합 회계실체로 구분된다.

② 재무제표는 국가가 공공회계책임을 적절히 이행하였는지를 평가하는 데 필요한, 당기의 수입이 당기의 서비스를 제공하기에 충분하였는지 또는 미래의 납세자가 과거에 제공된 서비스에 대한 부담을 지게 되는지에 대한 기간간 형평성에 관한 정보를 제공하여야 한다.

③ 재무제표의 양식, 과목 및 회계용어는 이해하기 쉽도록 간단명료하게 표시하여야 하므로, 자산 항목과 부채 또는 순자산 항목을 상계하여 간결하게 표시하여야 한다.

④ 자산은 금융자산, 유·무형자산, 국민편의시설 및 기타 자산으로 구분하여 재정상태표에 표시한다.

⑤ 자산은 공용 또는 공공용으로 사용되는 등 공공서비스를 제공할 수 있거나 직접적 또는 간접적으로 경제적 효익을 창출하거나 창출에 기여할 가능성이 매우 높고 그 가액을 신뢰성 있게 측정할 수 있을 때에 인식한다.

---

35 『국가회계기준에 관한 규칙』과 『지방자치단체 회계기준에 관한 규칙』에 대한 다음 설명 중 옳지 않은 것은?

2019 공인회계사

① 국가의 우발자산은 과거의 거래나 사건으로 발생하였으나 국가회계실체가 전적으로 통제할 수 없는 하나 이상의 불확실한 미래 사건의 발생 여부로만 그 존재 유무를 확인할 수 있는 잠재적 자산을 말하며, 경제적 효익의 유입 가능성이 매우 높은 경우 주석에 공시한다.

② 국가의 일반유형자산 및 사회기반시설에 대한 사용수익권은 재정상태표에 부채로 표시한다.

③ 국가의 자산은 금융자산, 유·무형자산 및 기타 자산으로 구분하여 재정상태표에 표시하고, 지방자치단체의 자산은 유동자산, 투자자산, 일반유형자산, 주민편의시설, 사회기반시설, 기타비유동자산으로 분류한다.

④ 지방자치단체의 기타비유동부채는 유동부채와 장기차입부채에 속하지 아니하는 부채로서 퇴직급여충당부채, 장기예수보증금, 장기선수수익 등을 말한다.

⑤ 지방자치단체의 장기투자증권은 매입가격에 부대비용을 더하고 이에 종목별로 총평균법을 적용하여 산정한 취득원가로 평가함을 원칙으로 한다.

36 『국가회계기준에 관한 규칙』의 수익 인식에 관한 설명으로 옳지 않은 것은?

2014 국가직 9급

① 정부가 부과하는 방식의 국세는 국가가 국세를 수납하는 때에 수익으로 인식한다.

② 원천징수하는 국세는 원천징수의무자가 원천징수한 금액을 신고·납부하는 때에 수익으로 인식한다.

③ 분납이 가능한 국세는 징수할 세금이 확정된 때에 그 납부할 세액 전체를 수익으로 인식한다.

④ 기부금 수익은 청구권이 확정된 때에 그 확정된 금액을 수익으로 인식한다.

37 『국가회계기준에 관한 규칙』에서 정하고 있는 국세의 수익인식 기준에 대한 설명으로 옳지 않은 것은?

2013 국가직 7급

① 정부가 부과하는 방식의 국세는 국가가 고지하는 때에 인식

② 신고·납부하는 방식의 국세는 납세의무자가 세액을 자진신고하는 때에 인식

③ 원천징수하는 국세는 원천징수의무자가 납세자로부터 원천징수하는 때에 인식

④ 연부연납 또는 분납이 가능한 국세는 징수할 세금이 확정된 때에 그 납부할 세액 전체를 인식

정답과 해설

35 **정답** ②

해설 일반유형자산 및 사회기반시설에 대한 사용수익권은 부채가 아닌 자산의 차감항목에 표시한다.

36 **정답** ①

해설 정부가 부과하는 방식의 국세는 국가가 '고지하는 때'에 수익으로 인식한다.

37 **정답** ③

해설 원천징수하는 국세는 원천징수의무자가 원천징수한 금액을 신고·납부하는 때에 수익으로 인식한다.

38 『국가회계기준에 관한 규칙』에 대한 설명으로 옳지 않은 것은? 2014 국가직 7급

① 국세수익은 중앙관서 또는 기금의 재정운영표에는 표시되지 않지만, 국가의 재정운영표에는 표시된다.

② 비교환수익은 수익창출활동이 끝나고 그 금액을 합리적으로 측정할 수 있을 때 인식한다.

③ 신고·납부하는 방식의 국세는 납세의무자가 세액을 자진신고 하는 때에 수익으로 인식한다.

④ 원천징수하는 국세는 원천징수 의무자가 원천징수한 금액을 신고·납부하는 때에 수익으로 인식한다.

39 『지방자치단체 회계기준에 관한 규칙』상 수익과 비용의 정의 및 인식기준에 대한 설명으로 옳지 않은 것은? 2017 지방직 9급 추가채용

① 교환거래로 생긴 수익은 사용료, 수수료, 보조금 등을 포함한다.

② 회계 간의 재산 이관, 물품 소관의 전환 등으로 생긴 순자산의 감소는 비용에 포함하지 아니한다.

③ 교환거래로 생긴 수익은 수익창출활동이 끝나고 그 금액을 합리적으로 측정할 수 있을 때에 인식한다.

④ 비교환거래에 의한 비용은 가치의 이전에 대한 의무가 존재하고 그 금액을 합리적으로 측정할 수 있을 때에 인식한다.

40 중앙관서 A의 재정운영표를 작성하기 위한 자료가 다음과 같을 때 재정운영순원가는? 2017 지방직 9급 추가채용

• 프로그램수익	₩400	• 비배분비용	₩50
• 국세수익	₩100	• 관리운영비	₩100
• 프로그램총원가	₩700	• 비배분수익	₩70

① ₩280

② ₩350

③ ₩380

④ ₩450

38 **정답** ②

해설 교환수익에 대해서 수익창출 활동이 끝나고 그 금액을 합리적으로 측정할 수 있을 때에 인식한다. 비교환수익은 직접적인 반대급부 없이 발생하므로 수익창출활동이 발생하지 않는다. 따라서, 수익에 대한 청구권이 발생하고 그 금액을 합리적으로 측정할 수 있을 때에 인식한다.

39 **정답** ①

해설 사용료, 수수료는 교환거래로 생긴 수익에 해당하나, 보조금은 직접적인 반대급부 없이 생기는 것으로 비교환거래로 생긴 수익에 해당한다.

40 **정답** ③

해설 재정운영순원가 = 프로그램순원가(프로그램총원가 ₩700 - 프로그램수익 ₩400) + 관리운영비 ₩100 + 비배분비용 ₩50 - 비배분수익 ₩70 = ₩380

※ 국가가 아닌 중앙관서의 경우 국세수익은 재정운영표가 아닌 국세징수활동표에 표시한다.

41 〈보기〉는 어느 지방자치단체의 재정운영표의 내용이다. 일반수익은? 2019 서울시 9급

┌─────────────────────────── 〈보기〉 ───────────────────────────┐
- 사업순원가 ₩180,000 • 관리운영비 ₩220,000
- 비배분비용 ₩40,000 • 비배분수익 ₩30,000
- 재정운영결과 ₩150,000
└──┘

① ₩180,000 ② ₩210,000

③ ₩260,000 ④ ₩270,000

42 다음은 중앙관서 A부처의 일반회계에서 발생한 거래이다. 다음 거래가 A부처의 일반회계 재정운영표의 재정운영결과에 미치는 영향과 국가재정운영표의 재정운영결과에 미치는 영향을 올바르게 나타낸 것은? 2014 공인회계사

- 20×3년중에 프로그램 순원가로 ₩100,000이 발생하였다.
- 20×3년중에 행정운영과 관련하여 인건비 ₩50,000, 감가상각비 ₩30,000이 발생하였다.
- 20×3년중에 부담금 수익 ₩70,000에 대한 청구권이 확정되었다.
- 20×3년중에 B부처에서 무상관리환으로 ₩30,000의 자산을 수증 받았다.

	A부처의 일반회계	대한민국 정부
①	₩180,000 증가	₩110,000 증가
②	₩150,000 증가	₩80,000 증가
③	₩110,000 증가	₩110,000 증가
④	₩110,000 증가	₩80,000 증가
⑤	₩80,000 증가	₩110,000 증가

41 정답 ③

해설 재정운영순원가 = 사업순원가 ₩180,000 + 관리운영비 ₩220,000 + 비배분비용 ₩40,000 − 비배분수익 ₩30,000 = ₩410,000

재정운영결과 ₩150,000 = 재정운영순원가 ₩410,000 − 일반수익

일반수익 = ₩260,000

42 정답 ①

해설 A부처 일반회계 재정운영순원가 = 프로그램순원가 ₩100,000 + 관리운영비 (₩50,000 + ₩30,000) = ₩180,000

A부처 일반회계 재정운영결과 = 재정운영순원가 ₩180,000 − 비교환수익 ₩0 = ₩180,000

※ 행정형회계(일반회계)에서 발생하는 비교환수익은 재정운영표가 아닌 순자산변동표의 재원의 조달 및 이전란에 표시한다. 따라서 재정운영표에 반영되는 비교환수익은 ₩0이다.

국가재정운영표의 재정운영결과 = 재정운영순원가 ₩180,000 − 비교환수익 ₩70,000 = ₩110,000

※ 중앙관서(행정형 회계)의 부담금수익(비교환수익)을 재정운영표가 아닌 순자산변동표에 표시했더라도 국가 재무제표에는 재정운영결과로 통합하여야 한다. 무상이전수입(무상관리환)의 경우 중앙관서의 순자산변동표에 표시하지만, 국가 재무제표를 작성할 때는 다른 부서의 무상이전지출과 상계되기 때문에 국가 재무제표에는 표시되지 않는다.

43 다음 중 『국가회계기준에 관한 규칙』에 대한 설명으로 옳은 것은?

2016 공인회계사

① 『국고금관리법 시행령』에 따른 출납정리기한 중에 발생하는 거래는 다음 회계연도에 발생한 거래로 보아 회계처리한다.

② 자산은 금융자산, 유·무형자산, 주민편의시설 및 기타 자산으로 구분하여 재정상태표에 표시한다.

③ 부담금수익, 기부금수익, 무상이전수입은 청구권 등이 확정된 때에 그 확정된 금액을 수익으로 인식한다.

④ 투자증권 중 채무증권은 상각후취득원가로 평가하고, 지분증권은 취득원가로 평가한다. 다만, 재정상태표일 현재 신뢰성 있게 공정가액을 측정할 수 있으면 그 공정가액으로 평가하며, 장부가액과 공정가액의 차이금액은 재정운영표상 재정운영순원가에 반영한다.

⑤ 필수보충정보는 재무제표에는 표시하지 아니하였으나, 재무제표의 내용을 보완하고 이해를 돕기 위하여 필수적으로 제공되어야 하는 정보를 말하며 수익·비용 기능별 재정운영표는 필수보충정보로 제공되어야 한다.

정답과 해설

43 **정답** ③

해설 ① 『국고금관리법 시행령』에 따른 출납정리기한 중에 발생하는 거래는 '해당' 회계연도에 발생한 거래로 보아 회계처리한다.
② 주민편의시설은 국가의 재정상태표에 나타나지 않는다.
④ 장부가액과 공정가액의 차이금액은 순자산조정에 반영한다.
⑤ 국가회계기준에 관한 규칙이 개정되어 더 이상 부속서류(필수보충정보와 부속명세서)는 존재하지 않는다.

44 다음은 일반회계만으로 구성된 중앙관서 A부처의 20x1년도 자료이다. 단, 20x1년도에는 아래 거래 이외에 다른 거래는 없으며, 국가 재무제표 작성과정에서 상계할 내부거래는 없다고 가정한다.

• 프로그램을 수행하기 위해 투입한 직접원가	₩150,000
• 프로그램 관련 교환수익	₩10,000
• 다른 프로그램으로부터 배부받은 간접원가	₩4,000
• 다른 프로그램에 배부한 간접원가	₩7,000
• 관리운영비	₩30,000
• 비배분수익	₩3,500
• 비배분비용	₩2,000
• 비교환수익	₩13,500

다음 중 20x1년도 재무제표에 대한 설명으로 옳지 않은 것은?　　　　　2018 공인회계사

① A부처의 재정운영표에 표시되는 재정운영결과는 ₩152,000이다.

② A부처의 재정운영표에 표시되는 프로그램순원가는 ₩137,000이다.

③ A부처의 재정운영표에 표시되는 재정운영순원가는 ₩165,500이다.

④ A부처의 순자산변동표에서 재원의 조달 및 이전란에 표시될 금액은 ₩13,500이다.

⑤ A부처 20x1년도 자료가 국가재정운영표에 표시되는 재정운영결과에 미치는 영향은 ₩152,000 증가이다.

44 정답 ①

해설 프로그램순원가 = 프로그램원가 ₩150,000 + 배부받은 원가 ₩4,000 - 배부한 원가 ₩7,000 - 프로그램수익 ₩10,000 = ₩137,000

재정운영순원가 = 프로그램순원가 ₩137,000 + 관리운영비 ₩30,000 - 비배분수익 ₩3,500 + 비배분비용 ₩2,000 = ₩165,500

재정운영결과 = 재정운영순원가 ₩165,500 - 비교환수익 ₩0 = ₩165,500

※ 행정형 회계(일반회계, 기타특별회계)에서 발생하는 비교환수익은 재정운영표가 아닌 순자산변동표의 재원의 조달 및 이전란에 표시한다. 따라서 재정운영표에 반영되는 비교환수익은 ₩0이 되고, 순자산변동표의 재원의 조달 및 이전란에 표시될 금액은 ₩13,500이 된다.

※ 비교환수익을 중앙관서의 재정운영표가 아닌 순자산변동표에 표시했더라도 국가 재무제표에는 재정운영결과로 통합하여야 한다. 따라서 국가재정운영표에 표시되는 재정운영결과에는 ₩152,000(= 재정운영순원가 ₩165,500 - 비교환수익 ₩13,500)으로 나타난다.

45 『지방자치단체 회계기준에 관한 규칙』에서 현금흐름표, 순자산변동표, 주석에 대한 내용으로 가장 옳지 않은 것은? 2018 서울시 7급

① 현금흐름표는 회계연도 동안의 현금자원의 변동에 관한 정보로서 자금의 원천과 사용결과를 표시하는 재무제표로서 경상활동, 투자활동 및 재무활동으로 구성된다.

② 현금흐름표에서 현금의 유입과 유출은 회계연도 중의 증가나 감소를 상계하여 순증감액으로 적는다. 다만, 거래가 잦아 총 금액이 크고 단기간에 만기가 도래하는 경우에는 총액으로 적을 수 있다.

③ 현물출자로 인한 유형자산 등의 취득, 유형자산의 교환 등 현금의 유입과 유출이 없는 거래 중 중요한 거래에 대하여는 주석(註釋)으로 공시한다.

④ 순자산변동표에서 순자산의 증가사항은 회계 간의 재산 이관, 물품 소관의 전환, 양여·기부 등으로 생긴 자산증가를 말하며, 순자산의 감소사항은 회계 간의 재산 이관, 물품 소관의 전환, 양여·기부 등으로 생긴 자산감소를 말한다.

46 다음 중 『국가회계기준에 관한 규칙』에 대한 내용으로 옳지 않은 것은? 2012 공인회계사

① 국가회계실체란 『국가재정법』 제4조에 따른 일반회계, 특별회계 및 같은 법 제5조에 따른 기금으로서 중앙관서별로 구분된 것을 말한다.

② 재무제표는 국가가 공공회계책임을 적절히 이행하였는지를 평가하는 데 필요한 국가의 재정상태 및 그 변동과 재정운영결과에 관한 정보, 국가사업의 목적을 능률적·효과적으로 달성하였는지에 관한 정보, 예산과 그 밖에 관련 법규의 준수에 관한 정보를 제공하여야 한다.

③ 재무제표는 국가의 재정활동에 직접적 또는 간접적으로 이해관계를 갖는 정보이용자가 국가의 재정활동 내용을 파악하고, 합리적으로 의사결정을 할 수 있도록 유용한 정보를 제공하는 것을 목적으로 한다.

④ 재무제표는 『국가회계법』 제14조 제3호에 따라 재정상태표, 재정운영표, 순자산변동표 및 현금흐름표로 구성하되, 재무제표에 대한 주석을 포함한다.

⑤ 중앙관서 또는 기금의 순자산변동표를 통합하여 작성하는 국가의 순자산변동표는 기초순자산, 재정운영결과, 재원의 조달 및 이전, 조정항목, 기말순자산으로 구분하여 표시한다.

---

45 정답 ②

해설 기업회계와 마찬가지로 현금의 유입과 유출은 회계연도 중의 증가나 감소를 상계하지 아니하고 각각 총액으로 적는다. 다만, 거래가 잦아 총 금액이 크고 단기간에 만기가 도래하는 경우에는 순증감액으로 적을 수 있다.

46 정답 ⑤

해설 국가의 순자산변동표에는 '재원의 조달 및 이전' 항목이 없다. 중앙관서 사이에서 재원을 이전하는 것이 국가의 입장에서는 국가 내의 부서 사이에 재원이 오고 가는 내부거래에 해당하여 상계되기 때문에 재원의 조달과 이전이 나타나지 않는다.

47 『지방자치단체 회계기준에 관한 규칙』에 대한 설명으로 가장 옳지 않은 것은? 2023 서울시 7급

① 재정상태표의 순자산은 자산에서 부채를 뺀 금액을 말하며, 기본순자산, 적립금 및 잉여금, 순자산조정으로 구분한다.

② 재정운영표의 모든 수익과 비용은 발생주의 원칙에 따라 거래나 사실이 발생한 기간에 표시한다.

③ 현금흐름표의 경상활동은 지방자치단체의 행정서비스와 관련된 활동으로서 투자활동과 재무활동에 속하지 아니하는 거래를 말한다.

④ 순자산변동표의 순자산의 증가사항은 회계 간의 재산이관, 물품 소관의 전환, 양여·기부 등으로 생긴 자산 증가를 말한다.

48 다음은 지방자치단체 A의 20×1년 말 재정상태표상 금액이다.

• 부채 총계	₩2,000,000
• 사회기반시설 투자액	₩900,000
• 일반순자산	₩300,000
• 무형자산 투자액	₩100,000
• 사회기반시설 투자 관련 차입금	₩450,000
• 적립성기금의 원금	₩150,000

지방자치단체 A의 20×1년 말 재정상태표상 자산 총계는? 2024 지방직 9급

① ₩2,900,000

② ₩3,000,000

③ ₩3,450,000

④ ₩3,900,000

49 『지방자치단체 회계기준에 관한 규칙』에 대한 설명으로 옳지 않은 것은? 2015 지방직 9급

① 비용은 자산의 감소나 부채의 증가를 초래하는 회계연도 동안의 거래로 생긴 순자산의 감소를 말하며, 회계 간의 재산 이관, 물품 소관의 전환 등으로 생긴 순자산의 감소도 비용에 포함한다.

② 문화재, 예술작품, 역사적 문건 및 자연자원은 자산으로 인식하지 아니하고 필수보충정보의 관리책임자산으로 보고한다.

③ 지방자치단체의 재무제표는 재정상태표, 재정운영표, 현금흐름표, 순자산변동표, 주석으로 구성된다.

④ 순자산의 감소사항은 회계 간의 재산 이관, 물품 소관의 전환, 양여·기부 등으로 생긴 자산감소를 말한다.

50 정부 기관인 A부처는 2016년 7월 1일 ㈜한국과 수익(교환 또는 비교환)이 발생하는 계약을 체결하였다. 계약기간은 2016년 9월 1일부터 2017년 8월 31일까지이며, 계약금액 총액은 ₩1,200,000이다. 계약서 상 청구권 확정/고지일과 금액이 다음과 같을 때, A부처가 2016년에 인식할 수익에 대한 설명으로 옳은 것은? (단, 해당 수익이 교환수익이면 사용료수익, 비교환수익이면 부담금수익으로 가정한다) 2017 국가직 9급

청구권 확정/고지일	청구 금액
2016. 10. 31.	₩200,000
2017. 1. 31.	₩300,000
2017. 4. 30.	₩300,000
2017. 8. 31.	₩400,000

① 교환수익에 해당할 경우 비교환수익에 해당할 경우보다 수익을 ₩800,000 덜 인식한다.

② 교환수익에 해당할 경우 비교환수익에 해당할 경우보다 수익을 ₩200,000 더 인식한다.

③ 교환수익에 해당할 경우와 비교환수익에 해당할 경우 인식할 수익금액은 동일하다.

④ 비교환수익에 해당할 경우 인식할 수익금액은 ₩400,000이다.

정답과 해설

49 **정답** ①

해설 회계 간의 재산 이관, 물품 소관의 전환, 기부채납 등으로 생긴 순자산의 증가는 수익에 포함하지 아니하고, 회계 간의 재산 이관, 물품 소관의 전환 등으로 생긴 순자산의 감소는 비용에 포함하지 아니한다.

50 **정답** ②

해설 교환수익은 수익창출 활동이 끝나고 그 금액을 합리적으로 측정할 수 있을 때에 인식하는데 이는 발생주의에 따라 인식함을 의미한다. 따라서 기간경과분(₩1,200,000 × 4개월/12개월) ₩400,000을 수익으로 인식한다.
비교환수익은 해당 수익에 대한 청구권이 발생하고 그 금액을 합리적으로 측정할 수 있을 때에 인식하며, 수익 유형에 따라 부담금수익은 청구권 등이 확정된 때에 그 확정된 금액을 수익으로 인식한다. 따라서 2016년 중 청구권이 확정된 ₩200,000만을 수익으로 인식한다.

51 중앙부처 A의 다음 재정운영표 자료에 근거하여 산출한 재정운영 결과는? 2020 국가직 9급

프로그램 수익	₩40,000	프로그램 총원가	₩300,000	비배분수익	₩20,000
비배분비용	₩30,000	비교환수익	₩24,000	관리운영비	₩60,000

① (-) ₩306,000

② (+) ₩306,000

③ (-) ₩330,000

④ (+) ₩330,000

52 『지방자치단체 회계기준에 관한 규칙』상 재정운영표에 대한 설명으로 옳지 않은 것은? 2024 지방직 9급

① 교환거래로 생긴 수익은 재화나 서비스 제공의 반대급부로 생긴 사용료, 수수료 등으로서 해당수익에 대한 청구권이 발생하고 그 금액을 합리적으로 측정할 수 있을 때에 인식한다.

② 사업순원가는 총원가에서 사업수익을 빼서 표시하며, 총원가는 사업을 수행하기 위하여 투입한 원가에서 다른 사업으로부터 배부받은 원가를 더하고, 다른 사업에 배부한 원가를 뺀 것이다.

③ 수익은 재원조달의 원천에 따라 지방자치단체가 독자적인 과세권한과 자체적인 징수활동을 통하여 조달한 자체조달수익, 회계실체가 국가 또는 다른 지방자치단체로부터 이전받은 정부간이전수익, 자체조달수익 및 정부간이전수익 외의 수익인 기타수익으로 구분한다.

④ 재정운영순원가는 사업순원가에서 관리운영비 및 비배분비용은 더하고 비배분수익을 빼서 표시하며, 관리운영비는 조직의 일반적이고 기본적인 기능을 수행하는 데 필요한 인건비, 기본경비 및 운영경비이다.

정답과 해설

51 정답 ②

해설 프로그램순원가 = 프로그램총원가 ₩300,000 - 프로그램수익 ₩40,000 = ₩260,000

재정운영순원가 = 프로그램순원가 ₩260,000 + 관리운영비 ₩60,000 + 비배분비용 ₩30,000 - 비배분수익 ₩20,000 = ₩330,000

재정운영결과 = 재정운영순원가 ₩330,000 - 비교환수익 ₩24,000 = ₩306,000

52 정답 ①

해설 교환거래로 생긴 수익은 재화나 서비스 제공의 반대급부로 생긴 사용료, 수수료 등으로서 수익창출활동이 끝나고 그 금액을 합리적으로 측정할 수 있을 때에 인식한다. 비교환거래로 생긴 수익은 해당수익에 대한 청구권이 발생하고 그 금액을 합리적으로 측정할 수 있을 때에 인식한다.

53 다음은 20×1년 중앙관서 A부처 기타특별회계의 재무제표 작성을 위한 자료이다. 재무제표에 대한 설명으로 옳지 않은 것은?

2021 국가직 7급

> - 프로그램총원가 ₩28,000, 프로그램수익 ₩12,000
> - 관리운영비: 인건비 ₩5,000, 경비 ₩3,000
> - 프로그램과 직접적인 관련이 없는 수익과 비용: 이자비용 ₩1,000, 자산처분손실 ₩1,000, 자산처분이익 ₩2,000
> - 국고수입 ₩10,000, 부담금수익 ₩5,000, 채무면제이익 ₩10,000, 국고이전지출 ₩3,000
> - 기초순자산 ₩20,000(기본순자산 ₩5,000, 적립금 및 잉여금 ₩10,000, 순자산조정 ₩5,000)

① 재정운영표상 재정운영결과는 ₩24,000이다.

② 순자산변동표상 재원의 조달 및 이전은 ₩22,000이다.

③ 순자산변동표상 기말 적립금 및 잉여금은 ₩7,000이다.

④ 순자산변동표상 기말순자산은 ₩18,000이다.

정답과 해설

53 **정답** ③

해설 ※ 행정형 회계(일반회계와 기타특별회계)에서 발생한 비교환수익은 재정운영표가 아닌 순자산변동표의 '재원의 조달 및 이전'에 표시한다.

① 재정운영결과 = 프로그램순원가(₩28,000 - ₩12,000) + 관리운영비 ₩8,000 + 비배분비용(이자비용, 자산처분손실) ₩2,000 - 비배분수익(자산처분이익) ₩2,000 = ₩24,000

② 재원의 조달 및 이전 = 국고수입 ₩10,000 + 부담금수익 ₩5,000 + 채무면제이익 ₩10,000 - 국고이전지출 ₩3,000 = ₩22,000

③ 기말 적립금 및 잉여금 = 기초 적립금 및 잉여금 ₩10,000 - 재정운영결과 ₩24,000 + 재원의 조달 및 이전 ₩22,000 = ₩8,000

④ 기말순자산 = 기초순자산 ₩20,000 - 재정운영결과 ₩24,000 + 재원의 조달 및 이전 ₩22,000 = ₩18,000

사경인
프레임회계학
정부회계

자산과 부채의 평가

1장이 정부회계 전반, 2장이 재무제표 표시를 나타낸다면 3장은 계정과목별 회계처리에 관한 내용이 된다. 가장 핵심적인 내용에 해당할 수 있으나, 막상 그 내용은 기업회계에서 배운 내용과 겹치는 부분이 많다. 따라서 여기서도 기업회계와 다른 부분, 국가와 지방자치단체 간의 차이점 위주로 정리하는 것이 시험대비에 효율적이다.

메타인지

01 재정상태표에 표시하는 자산의 가액은 해당 자산의 공정가치를 기초로 하여 계상한다. (○ | ×)

02 재고자산은 제조원가 또는 매입가액에 부대비용을 더한 금액을 취득원가로 하고 품목 (○ | ×)
별로 총평균법을 적용하여 평가한다.

03 일반유형자산과 사회기반시설은 해당 자산의 건설원가 또는 매입가액에 부대비용을 더 (○ | ×)
한 금액을 취득원가로 하고, 객관적이고 합리적인 방법으로 추정한 기간에 정액법 등을
적용하여 감가상각한다.

04 무형자산은 정액법에 따라 해당 자산을 사용할 수 있는 시점부터 합리적인 기간 동안 (○ | ×)
상각한다.

05 무형자산의 상각기간은 독점적·배타적인 권리를 부여하고 있는 관계 법령이나 계약에서 (○ | ×)
정한 경우를 제외하고는 20년을 초과할 수 없다.

06 재정상태표에 표시하는 부채의 가액은 원칙적으로 만기상환가액으로 평가한다. (○ | ×)

07 장기연불조건의 거래, 장기금전대차거래 또는 이와 유사한 거래에서 발생하는 채권·채 (○ | ×)
무로서 명목가액과 현재가치의 차이가 중요한 경우에는 현재가치로 평가한다.

정답

01	×	02	×	03	○	04	○	05	○	06	○	07	○

제1절 | 자산의 평가

1 자산의 평가기준
기출 18, 20, 21, 24

(1) 국가회계

재정상태표에 표시하는 자산의 가액은 해당 자산의 ****취득원가를 기초로 하여 계상한다. 다만, ** 무주부동산(주인이 없는 부동산)의 취득, 국가 외의 상대방과의 교환 또는 기부채납 등의 방법으로 자산을 취득한 경우에는 취득 당시의 공정가액을 취득원가로 한다.

사쌤 가이드

이러한 규정은 기업회계에서 자산을 취득원가(제공한 자산의 공정가치)로 평가하되 예외적으로 무상취득이나 저가취득에 대해서는 취득한 자산의 공정가치를 취득원가로 하였던 프레임과 일맥상통한다. 국가 외의 상대방과의 교환에 대해서도 위 규정(국가회계기준에 관한 규칙 제32조)은 취득 당시의 공정가액을 취득원가로 하는 것처럼 기술하고 있지만 「일반유형자산과 사회기반시설 회계처리지침」을 보면 '국가회계실체 외의 상대방과의 교환으로 자산을 취득한 경우에는 취득 당시의 제공한 자산의 공정가액을 취득원가로 한다. 다만, 제공한 자산의 공정가액이 불확실한 경우에는 취득한 자산의 공정가액으로 측정할 수 있다'고 하여 기업회계와 동일한 프레임을 적용함을 알 수 있다.

회계실체가 관리하던 국유재산의 관리권을 다른 회계실체에 넘기는 것을 관리전환이라고 한다. 이러한 관리전환으로 자산을 취득하는 경우, ****무상거래일 경우에는 자산의 장부가액(자산을 제공하는 실체의 장부가액)을 취득원가로 하고, *****유상거래일 경우에는 자산의 공정가액을 취득원가로 한다. 유상거래의 경우 제공하는 자산의 장부금액과의 차이는 처분손익으로 인식한다.

*자산의 물리적인 손상 또는 시장가치의 급격한 하락 등으로 해당 자산의 회수가능가액이 장부가액에 미달하고 그 미달액이 중요한 경우에는 장부가액에서 직접 빼서 회수가능가액으로 조정하고, 장부가액과 회수가능가액의 차액을 그 자산에 대한 감액손실의 과목으로 재정운영결과에 반영하며 감액명세를 주석으로 표시한다. 다만, 감액한 자산의 회수가능가액이 차기 이후에 해당 자산이 감액되지 아니하였을 경우의 장부가액 이상으로 회복되는 경우에는 그 장부가액을 한도로 하여 그 자산에 대한 감액손실환입 과목으로 재정운영결과에 반영한다.

(2) 지방자차단체회계

국가회계와 마찬가지로 자산은 취득원가를 기초로 계상함을 원칙으로 하되 다음의 경우에는 공정가액이나 직전 회계실체의 장부가액을 취득원가로 한다.

① *교환, 기부채납, 그 밖에 무상으로 취득한 자산의 가액: 공정가액
② 회계 간의 재산 이관이나 물품 소관의 전환으로 취득한 자산의 가액: 직전 회계실체의 장부가액

자산의 진부화, 물리적인 손상 및 시장가치의 급격한 하락 등의 원인으로 인하여 해당 자산의 회수가능

가액이 장부가액에 미달하고 그 미달액이 중요한 경우에는 이를 장부가액에서 직접 차감하여 회수가능 가액으로 조정하고 감액내역을 주석(註釋)으로 공시한다. 이 경우 회수가능가액은 해당 자산의 순 실현 가능액과 사용가치 중 *큰 금액으로 한다.

 사쌤 가이드

지방자치단체의 경우 관리전환(회계 간의 재산 이관이나 물품 소관의 전환)에 대해 유상과 무상으로 구분하지 않고 직전 회계실체의 장부가액을 취득원가로 하고 있다는 점이 국가회계와 다르다. 또한 감액손실 규정은 있지만, 감액 손실환입에 대해서는 명시적인 언급이 없다. 다만, 「지방자치단체 복식부기·재무회계 운영규정」에는 자산손상차손 과 자산손상차손환입에 대해 모두 다루고 있어 실무적으로는 환입을 허용함을 알 수 있다.

2 투자증권의 평가 기출16

(1) 국가회계

***투자증권은 최초취득시 매입가액에 부대비용을 *더하고 종목별로 총평균법 등을 적용하여 산정한 가액을 취득원가로 한다. 기말에는 **채무증권은 상각후취득원가로 평가하고, 지분증권은 취득원가로 평가한다. 다만, 재정상태표일 현재 *신뢰성 있게 공정가액을 측정할 수 있으면 그 공정가액으로 평가 하며, 장부가액과 공정가액의 차이금액은 순자산조정에 반영한다.

국가의 경우 정부출자금에 대한 평가규정도 따로 두고 있는데, *정부출자금은 출자액 또는 매입가액에 부대비용을 더하고 품목별로 총평균법 등을 적용하여 산정한 가액을 취득원가로 한다.

(2) 지방자치단체회계

지방자치단체의 경우 **장기투자증권은 매입가격에 부대비용을 더하고 이에 종목별로 총평균법을 적 용하여 산정한 취득원가로 평가함을 원칙으로 한다.

3 대여금 및 미수채권의 평가 기출19

(1) 국가회계

*대여금 및 미수채권은 신뢰성 있고 객관적인 기준에 따라 산출한 대손추산액을 대손충당금으로 설정 하여 평가한다. *융자사업에서 발생한 대여금의 경우에는 융자금 원금과 추정 회수가능액의 현재가치와 의 차액을 융자보조원가충당금으로 설정하여 평가한다.

(2) 지방자치단체회계

***미수세금은 합리적이고 객관적인 기준에 따라 평가하여 대손충당금을 설정하고 이를 미수세금 금 액에서 차감하는 형식으로 표시하며, 대손충당금의 내역은 주석으로 공시한다. 미수세외수입금, 단기대 여금, 장기대여금 등에 관하여도 이러한 규정을 준용한다.

(1) 국가회계

*재고자산은 제조원가 또는 매입가액에 부대비용을 더한 금액을 취득원가로 하고 품목별로 선입선출법을 적용하여 평가한다. 다만, *실물흐름과 원가산정 방법 등에 비추어 다른 방법을 적용하는 것이 보다 합리적이라고 인정되는 경우에는 개별법, 이동평균법 등을 적용하고 그 내용을 주석으로 표시한다. 재고자산의 평가 방법은 정당한 사유 없이 변경할 수 없으며, 평가 방법의 정당한 변경 사유가 발생한 경우에는 회계변경에 따라 회계처리한다. 재고자산의 시가가 취득원가보다 낮은 경우에는 시가를 재정상태표 가액으로 한다. 이 경우 원재료 외의 재고자산의 시가는 순실현가능가액을 말하며, 생산과정에 투입될 원재료의 시가는 현재 시점에서 매입하거나 재생산하는 데 드는 *현행대체원가를 말한다.

(2) 지방자치단체회계

*재고자산은 구입가액에 부대비용을 더하고 이에 선입선출법을 적용하여 산정한 가액을 취득원가로 한다. 다만, *실물흐름과 원가산정방법 등에 비추어 다른 방법을 적용하는 것이 보다 합리적이라고 인정되는 경우에는 개별법, 이동평균법 등을 적용하고 그 내용을 주석으로 공시한다.

사쌤 가이드

기업회계에서는 재고자산에 대한 저가법 적용시 원재료에 대해서도 순실현가능가치로 평가하되, 현행대체원가가 순실현가능가치에 대한 최선의 측정치가 될 수 있다고 규정한 반면, 국가회계에서는 원재료에 대해 순실현가능가치가 아닌 현행대체원가를 사용하도록 하고 있다. 지방자치단체의 경우 저가법에 대한 명시적인 규정은 없지만, 자산의 평가기준에서 제시한 바에 따라 저가법을 공통적용하며 「지방자치단체 복식부기·재무회계 운영규정」에는 재고자산손상차손과 재고자산손상차손환입이라는 과목이 모두 등장한다.

(1) 국가

*일반유형자산과 사회기반시설은 해당 자산의 건설원가 또는 매입가액에 부대비용을 더한 금액을 취득원가로 하고, 객관적이고 합리적인 방법으로 추정한 기간에 정액법 등을 적용하여 감가상각한다. 사회기반시설 중 관리·유지 노력에 따라 취득 당시의 용역 잠재력을 그대로 유지할 수 있는 시설에 대해서는 ****감가상각하지 아니하고 관리·유지에 투입되는 비용으로 감가상각비용을 대체할 수 있다. 다만, 효율적인 사회기반시설 관리시스템으로 사회기반시설의 용역 잠재력이 취득 당시와 같은 수준으로 유지된다는 것이 객관적으로 증명되는 경우로 한정한다. 일반유형자산과 사회기반시설에 대한 *****사용수익권은 해당 자산의 차감항목에 표시한다.

**국가의 경우 일반유형자산과 *사회기반시설에 대해 자산재평가를 적용할 수 있는데, 재평가할 때에는 공정가액으로 계상하여야 한다. 다만, 해당 자산의 공정가액에 대한 합리적인 증거가 없는 경우 등에는 재평가일 기준으로 재생산 또는 재취득하는 경우에 필요한 가격에서 경과연수에 따른 감가상각누계액 및 감액손실누계액을 뺀 가액으로 재평가하여 계상할 수 있다.

취득 후 지출에 대해서, 유·무형자산의 내용연수를 연장시키거나 가치를 실질적으로 증가시키는 지출은 자산의 증가로 회계처리하고, 원상회복시키거나 능률유지를 위한 지출은 비용으로 회계처리한다.

(2) 지방자치단체회계

**일반유형자산과 주민편의시설, 사회기반시설은 당해 자산의 건설원가나 매입가액에 부대비용을 더한 취득원가로 평가함을 원칙으로 한다. 상각대상 자산에 대한 감가상각은 ***정액법을 원칙으로 하되, *****사회기반시설 중 유지보수를 통하여 현상이 유지되는 도로, 도시철도, 하천부속시설 등은 감가상각 대상에서 제외할 수 있으며, 유지보수에 투입되는 비용과 감가상각을 하지 아니한 이유를 주석으로 공시한다. **사용수익권은 해당 자산의 차감항목으로 표시한다. 자산취득 이후의 지출 중 당해 자산의 내용연수를 연장시키거나 가치를 실질적으로 증가시키는 지출은 자본적 지출로 처리하고, 당해 자산을 원상회복시키거나 능률유지를 위한 지출은 경상적 지출로 처리한다. **지방자치단체의 경우 일반유형자산 등에 대한 재평가는 적용하지 않는다.

6 무형자산의 평가

(1) 국가

무형자산은 해당 자산의 개발원가 또는 매입가액에 부대비용을 더한 금액을 취득원가로 하여 평가한다. ****무형자산은 정액법에 따라 해당 자산을 사용할 수 있는 시점부터 합리적인 기간 동안 상각한다. 이 경우 *상각기간은 독점적·배타적인 권리를 부여하고 있는 관계 법령이나 계약에서 정한 경우를 제외하고는 20년을 초과할 수 없다.

(2) 지방자치단체회계

무형자산은 당해 자산의 개발원가나 매입가액에 취득부대비용을 더한 가액을 취득원가로 한다. 무형자산은 정액법에 따라 당해 자산을 사용할 수 있는 시점부터 합리적인 기간동안 상각한다. 다만, 독점적·배타적인 권리를 부여하는 관계법령이나 계약에서 정한 경우를 제외하고는 20년을 넘을 수 없다.

7 압수품 및 몰수품의 평가

지방자치단체의 경우 압수품 및 몰수품에 대한 평가규정이 없다. 국가의 경우 압수품 및 몰수품을 다음과 같이 구분하여 평가한다.
① 화폐성자산: 압류 또는 몰수 당시의 *시장가격으로 평가
② 비화폐성자산: 압류 또는 몰수 당시의 *감정가액 또는 공정가액 등으로 평가. 이 경우 그 평가된 가액을 주석으로 표시한다.

제2절 | 부채의 평가

1 부채의 평가기준
기출 15, 23

(1) 국가회계
재정상태표에 표시하는 부채의 가액은 회계규칙에서 따로 정한 경우를 제외하고는 원칙적으로 ★★★★★★ *만기상환가액으로 평가한다.

(2) 지방자치단체회계
부채의 가액은 회계실체가 지급의무를 지는 채무액을 말하며, 채무액은 회계규칙에서 정하는 것을 제외하고는 만기상환가액으로 함을 원칙으로 한다.

2 국·공채 및 지방채증권의 평가

(1) 국가회계
★★국채 및 공채는 국채등 발행수수료 및 발행과 관련하여 직접 발생한 비용을 뺀 발행가액으로 평가한다. 국채등의 액면가액과 발행가액의 차이는 할인(할증)발행차금 과목으로 액면가액에 빼거나 더하는 형식으로 표시하며, 그 할인(할증)발행차금은 발행한 때부터 최종 상환할 때까지의 기간에 유효이자율로 상각 또는 환입하여 국채등에 대한 이자비용에 더하거나 뺀다.

(2) 지방자치단체회계
★★지방채증권은 발행가액으로 평가하되, 발행가액은 지방채증권 발행수수료 및 발행과 관련하여 직접 발생한 비용을 뺀 후의 가액으로 한다. *지방채증권의 액면가액과 발행가액의 차이는 지방채할인 또는 할증 발행차금으로 하고, 할인 또는 할증 발행차금은 증권 발행시부터 최종 상환시까지의 기간에 유효이자율 등으로 상각 또는 환입하고 그 상각액 또는 환입액은 지방채증권에 대한 이자비용에 더하거나 뺀다.

3 퇴직급여충당부채의 평가
기출 21

(1) 국가회계
기타 충당부채 중 퇴직급여충당부채는 재정상태표일 현재 「공무원연금법」 및 「군인연금법」을 적용받지 아니하는 퇴직금 지급대상자(계약직, 임시직 공무원 등)가 일시에 퇴직할 경우 지급하여야 할 퇴직금으로 평가한다. 퇴직금산정명세, 퇴직금추계액, 회계연도 중 실제로 지급한 퇴직금 등은 주석으로 표시한다.

공무원연금과 군인연금을 적용받는 경우에는 연금충당부채를 인식하기 때문에 퇴직급여충당부채를 쌓지 않는다.

(2) 지방자치단체회계

**퇴직급여충당 부채는 회계연도말 현재 「공무원연금법」을 적용받는 지방공무원을 제외한 무기계약근로자 등이 일시에 퇴직할 경우 지방자치단체가 지급하여야 할 퇴직금에 상당한 금액으로 한다. 퇴직금 지급규정, 퇴직금 산정내역, 회계연도 중 실제로 지급한 퇴직금 등은 주석으로 공시한다.

4 연금충당부채 및 퇴직수당충당부채의 평가

국가가 수행하는 연금사업에는 국민연금, 공무원연금, 군인연금, 사립학교교직원연금(사학연금)이 있다. 이 중 국가에 근로를 제공한 공무원과 군인에게 지급하는 공무원연금과 군인연금에 대해서는 국가에 지급의무가 있으므로 이를 연금충당부채로 인식한다. 반면에 국민연금과 사학연금은 국가가 고용주체로서 제공하는 연금이 아닌 사회보장정책의 일환이므로 연금충당부채를 인식하지 않는다. 지방공무원에 대해 지급하는 공무원연금도 국가가 지급하므로 지방자치단체는 연금충당부채를 인식하지 않는다.

연금충당부채는 연금추정지급액 중 재정상태표일 현재의 재직기간까지 귀속되는 금액을 현재가치로 산정하여 평가한다. 연금추정지급액이란 재정상태표일 현재의 연금가입자에게 근무에 대한 대가로서 장래 예상퇴직시점에 지급하여야 할 금액으로서 보험수리적가정(예상퇴직시점의 장래 추정보수, 전체 추정근무기간 등 연금충당부채와 연금비용을 측정하는 데 필요한 재무적·인구통계적 가정을 말한다)을 반영하여 산정한 것을 말한다. 공무원연금법에 따르면 공무원의 퇴직시 퇴직연금 외에 퇴직수당도 지급하는데, 퇴직수당충당부채의 평가에 관하여는 연금충당부채를 준용한다.

5 보증충당부채의 평가

국가는 신용부족 등으로 차입이 어려운 국민을 위해 지급을 보증하는 신용보증사업도 제공한다. 일반 금융기관 등으로부터 자금을 차입 시 신용부족 등으로 차입이 어려운 경우 국가가 금융기관 등에 지급을 보증하고 채무불이행이 발생하면 국가가 대신해서 상환하는 것이다. 이러한 보증약정 등에 따라 국가가 부담하게 되는 의무를 보증충당부채로 인식한다. *보증충당부채는 보증약정 등에 따른 피보증인인 주채무자의 채무불이행에 따라 국가회계실체가 부담하게 될 추정 순현금유출액의 현재가치로 평가한다. 지방자치단체의 경우 보증충당부채에 대한 규정이 없다.

6 보험충당부채의 평가

국가가 수행하는 사업 중에 보험사업이 있다. 사회보험에 해당하는 고용보험이나 산업재해보상보험 외에도 농어업재해보험, 무역보험, 우체국보험 등을 포함한 다양한 사업을 수행한다. 보험충당부채는 이러한 보험사업에서 발생하는 충당부채로서 재정상태표일 이전에 보험사고가 발생하였으나 미지급된 보험금 지급예상액과 재정상태표일 현재 보험사고가 발생하지는 않았으나 장래 발생할 보험사고를 대비하여 적립하는 지급예상액을 합산한 금액으로 평가한다. 지방자치단체의 경우에는 보험충당부채에 대한 규정이 없다.

1 채권·채무의 현재가치에 따른 평가

(1) 국가회계

***장기연불조건의 거래, 장기금전대차거래 또는 이와 유사한 거래에서 발생하는 채권·채무로서 명목가액과 현재가치의 차이가 중요한 경우에는 현재가치로 평가한다. 현재가치 가액은 해당 채권·채무로 미래에 받거나 지급할 총금액을 해당 거래의 유효이자율(유효이자율을 확인하기 어려운 경우에는 유사한 조건의 국채 유통수익률을 말한다)로 할인한 가액으로 한다. 채권·채무의 명목가액과 현재가치 가액의 차액인 현재가치할인차금은 유효이자율로 매 회계연도에 환입하거나 상각하여 재정운영결과에 반영한다.

(2) 지방자치단체회계

장기연불조건의 매매거래, 장기금전대차거래 또는 이와 유사한 거래에서 발생하는 채권·채무로서 명목가액과 현재가치의 차이가 중요한 경우에는 이를 현재가치로 평가한다. 현재가치는 당해 채권·채무로 인하여 받거나 지급할 총금액을 적절한 이자율로 할인한 가액으로 한다. 적절한 할인율은 당해 거래의 유효이자율을 적용한다. 다만, 당해 거래의 유효이자율을 확인하기 어려운 경우에는 유사한 조건의 국채수익률을 적용한다. 채권·채무의 명목가액과 현재가치의 차액은 현재가치 할인차금의 과목으로 하여 당해 채권·채무의 명목가액에서 빼는 방식으로 기록하고 적용한 할인율, 기간 및 회계처리방법 등은 주석으로 공시한다.

2 외화자산 및 외화부채의 평가

(1) 국가회계

**화폐성 외화자산과 화폐성 외화부채는 재정상태표일 현재의 적절한 환율로 평가한다. 비화폐성 외화자산과 비화폐성 외화부채는 다음과 같이 구분하여 평가한다.
  ① **역사적원가로 측정하는 경우: 해당 자산을 취득하거나 해당 부채를 부담한 당시의 적절한 환율로 평가
  ② 공정가액으로 측정하는 경우: 공정가액이 측정된 날의 적절한 환율로 평가

이러한 평가에 따라 발생하는 환율변동효과는 외화평가손실 또는 외화평가이익의 과목으로 하여 재정운영결과에 반영한다. 비화폐성 외화자산과 비화폐성 외화부채에서 발생한 손익을 순자산조정에 반영하는 경우에는 그 손익에 포함된 환율변동효과도 함께 반영하고, 재정운영결과에 반영하는 경우에는 그 손익에 포함된 환율변동효과도 해당 재정운영결과에 반영한다. 화폐성 외화자산과 화폐성 외화부채는 화폐가치의 변동과 상관없이 자산과 부채의 금액이 계약 등에 의하여 일정 화폐액으로 확정되었거나 결정가능한 경우의 자산과 부채를 말한다. 다만, 화폐성과 비화폐성의 성질을 모두 가지고 있는 외화자산

과 외화부채는 해당 자산과 부채의 보유 목적이나 성질에 따라 구분한다. 중요한 외화자산과 외화부채의 내용, 평가기준 및 평가손익의 내용은 주석으로 표시한다.

(2) 지방자치단체회계

화폐성 외화자산과 화폐성 외화부채는 회계연도 종료일 현재의 적절한 환율로 평가한 가액을 재정상태표 가액으로 한다. 비화폐성 외화자산과 비화폐성 외화부채는 해당 자산을 취득하거나 해당 부채를 부담한 당시의 적절한 환율로 평가한 가액을 재정상태표 가액으로 함을 원칙으로 한다. 화폐성 외화자산과 화폐성 외화부채는 외화예금, 외화융자금, 외화차입금 등과 같이 화폐가치의 변동과 상관없이 자산과 부채금액이 계약 및 기타의 원인에 의하여 일정액의 화폐액으로 고정되어 있는 경우의 당해 자산과 부채를 말한다.

3 리스에 따른 자산과 부채의 평가

(1) 국가회계

리스는 일정 기간 설비 등 특정 자산의 사용권을 리스회사로부터 이전 받고, 그 대가로 사용료를 지급하는 계약을 말하며, 금융리스(리스자산의 소유에 따른 위험과 효익이 실질적으로 리스이용자에게 이전되는 리스)와 운용리스로 구분한다. **금융리스는 리스료를 내재이자율로 할인한 가액과 리스자산의 공정가액 중 낮은 금액을 리스자산과 리스부채로 각각 계상하여 감가상각하고, 운용리스는 리스료를 해당 회계연도의 비용으로 회계처리한다.

(2) 지방자치단체회계

리스는 지방자치단체가 일정기간 설비 등 특정 자산의 사용권을 리스회사로부터 이전 받고, 그 대가로 사용료를 지급하는 계약을 말한다. 리스는 금융리스와 운용리스로 구분하며, 금융리스는 리스자산의 소유에 따른 위험과 효익이 실질적으로 리스이용자에게 이전되는 리스이고, 운용리스는 금융리스 외의 리스를 말한다. 금융리스는 리스료를 내재이자율로 할인한 가액과 리스자산의 공정가액 중 낮은 금액을 리스자산과 리스부채로 각각 계상하여 감가상각하고, 운용리스는 리스료를 해당 회계연도의 비용으로 회계처리한다.

4 파생상품의 평가

*파생상품은 해당 계약에 따라 발생한 권리와 의무를 각각 자산 및 부채로 계상하여야 하며, 공정가액으로 평가한 금액을 재정상태표 가액으로 한다. 파생상품에서 발생한 평가손익은 발생한 시점에 재정운영결과에 반영한다. 다만, *미래예상거래의 현금흐름변동위험을 회피하는 계약에서 발생하는 평가손익은 순자산조정에 반영한다. 파생상품 거래는 그 거래 목적 및 거래명세 등을 주석으로 표시한다. 이 경우 위험회피 목적의 파생상품 거래인 경우에는 위험회피 대상항목, 위험회피 대상범위, 위험회피 활동을 반영하기 위한 회계처리 방법, 이연된 손익금액 등을 표시한다. 지방자치단체의 경우 파생상품에 대한 규정이 없다.

(1) 국가회계

충당부채는 지출시기 또는 지출금액이 불확실한 부채를 말하며, 현재의무의 이행에 소요되는 지출에 대한 최선의 추정치를 재정상태표 가액으로 한다. 이 경우 추정치 산정 시에는 관련된 사건과 상황에 대한 위험과 불확실성을 고려하여야 한다. 우발부채는 다음에 해당하는 의무를 말하며, 의무를 이행하기 위하여 경제적 효익이 있는 자원이 유출될 가능성이 희박하지 않는 한 주석에 공시한다.
① 과거의 거래나 사건으로 발생하였으나, 국가회계실체가 전적으로 통제할 수 없는 하나 이상의 불확실한 미래 사건의 발생 여부로만 그 존재 유무를 확인할 수 있는 잠재적 의무
② 과거의 거래나 사건으로 발생하였으나, 해당의무를 이행하기 위하여 경제적 효익이 있는 자원을 유출할 가능성이 매우 높지 않거나, 그 금액을 신뢰성 있게 측정할 수 없는 경우에 해당하여 인식하지 아니하는 현재의 의무

*우발자산은 과거의 거래나 사건으로 발생하였으나 국가회계실체가 전적으로 통제할 수 없는 하나 이상의 불확실한 미래 사건의 발생 여부로만 그 존재 유무를 확인할 수 있는 잠재적 자산을 말하며, 경제적 효익의 유입 가능성이 매우 높은 경우 주석에 공시한다.

(2) 지방자치단체회계

지방자치단체 회계기준의 경우 '우발상황'에 대해 기술하고 있다. 우발상황은 미래에 어떤 사건이 발생하거나 발생하지 아니함으로 인하여 궁극적으로 확정될 손실 또는 이익으로서 발생여부가 불확실한 현재의 상태 또는 상황을 말한다. 우발상황에는 진행 중인 소송사건, 채무에 대한 지급보증, 배상책임 등이 포함되며, 우발상황은 다음과 같이 처리한다.
① **재정상태표 보고일 현재 우발손실의 발생이 확실하고 그 손실금액을 합리적으로 추정할 수 있는 경우: 우발손실을 재무제표에 반영하고 그 내용을 주석으로 표시
② 재정상태표 보고일 현재 우발손실의 발생이 확실하지 아니하거나 우발손실의 발생은 확실하지만 그 손실금액을 합리적으로 추정할 수 없는 경우: 우발상황의 내용, 우발손실에 따른 재무적 영향을 주석으로 표시
③ *우발이익의 발생이 확실하고 그 이익금액을 합리적으로 추정할 수 있는 경우: 우발상황의 내용을 주석으로 표시

국가회계기준과 지방자치단체회계기준의 회계변경과 오류수정에 대한 내용은 사실상 같다고 볼 수 있는데, 회계변경과 오류수정에 대해 다음과 같이 처리한다.

(1) 회계변경

회계정책 및 회계추정의 변경은 그 변경으로 재무제표를 보다 적절히 표시할 수 있는 경우 또는 법령 등에서 새로운 회계기준을 채택하거나 기존의 회계기준을 폐지함에 따라 변경이 불가피한 경우에 할 수

있으며, 그 유형에 따라 다음과 같이 처리한다.

① 회계정책의 변경에 따른 영향은 비교표시되는 직전 회계연도의 순자산 기초금액 및 기타 대응금액을 새로운 회계정책이 처음부터 적용된 것처럼 조정(소급법)한다. 다만, 회계정책의 변경에 따른 누적효과를 합리적으로 추정하기 어려운 경우에는 회계정책의 변경에 따른 영향을 해당 회계연도와 그 회계연도 후의 기간에 반영(전진법)할 수 있다.

② **회계추정의 변경에 따른 영향은 해당 회계연도 이후의 기간에 미치는 것으로 한다.

③ *회계정책을 변경한 경우에는 그 변경내용, 변경사유 및 변경에 따라 해당 회계연도의 재무제표에 미치는 영향을 주석으로 표시한다. 다만, 회계정책의 변경에 따른 누적효과를 합리적으로 추정하기 어려운 경우에는 다음 내용을 주석으로 표시한다.

　가. 누적효과를 합리적으로 추정하기 어려운 사유

　나. 회계정책 변경의 적용방법

　다. 회계정책 변경의 적용시기

④ 회계추정을 변경한 경우에는 그 변경내용, 변경사유 및 변경에 따라 해당 회계연도의 재무제표에 미치는 영향을 주석으로 표시한다.

(2) 오류수정

오류수정사항이란 회계기준 또는 법령 등에서 정한 기준에 합당하지 아니한 경우로서 전 회계연도 또는 그 전 기간에 발생한 다음 각 호의 오류는 다음과 같이 구분하여 처리한다.

① 중대한 오류: 오류가 발생한 회계연도 재정상태표의 순자산에 반영하고, 관련된 계정잔액을 수정한다. 이 경우 비교재무제표를 작성할 때에는 중대한 오류의 영향을 받는 회계기간의 재무제표 항목을 다시 작성한다.

② 그 외의 오류: 해당 회계연도의 재정운영표에 반영한다.

전 회계연도 이전에 발생한 오류수정사항은 주석으로 표시하되, *중대한 오류를 수정한 경우에는 다음의 사항을 주석으로 포함한다.

① 중대한 오류로 판단한 근거

② 비교재무제표에 표시된 과거회계기간에 대한 수정금액

③ 비교재무제표가 다시 작성되었다는 사실

01 재정상태표에 표시하는 자산의 가액은 해당 자산의 ▨▨▨▨를 기초로 하여 계상한다. 다만, 무주부동산의 취득, 국가 외의 상대방과의 교환 또는 기부채납 등의 방법으로 자산을 취득한 경우에는 취득 당시의 ▨▨▨▨을 취득원가로 한다.

02 국가회계실체 사이에 발생하는 관리전환은 무상거래일 경우에는 자산의 ▨▨▨▨을 취득원가로 하고, 유상거래일 경우에는 자산의 ▨▨▨▨을 취득원가로 한다.

03 지방자치단체의 경우 회계 간의 재산 이관이나 물품 소관의 전환으로 취득한 자산의 가액은 ▨▨▨▨을 취득원가로 한다.

04 투자증권은 매입가액에 부대비용을 더하고 종목별로 ▨▨▨▨ 등을 적용하여 산정한 가액을 취득원가로 한다.

05 재고자산은 제조원가 또는 매입가액에 부대비용을 더한 금액을 취득원가로 하고 품목별로 ▨▨▨▨을 적용하여 평가한다. 다만, 실물흐름과 원가산정 방법 등에 비추어 다른 방법을 적용하는 것이 보다 합리적이라고 인정되는 경우에는 ▨▨▨▨, ▨▨▨▨ 등을 적용하고 그 내용을 주석으로 표시한다.

06 국가회계에 있어 압수품 및 몰수품이 화폐성자산인 경우에는 압류 또는 몰수 당시의 ▨▨▨▨으로 평가하고, 비화폐성자산인 경우에는 압류 또는 몰수 당시의 ▨▨▨▨ 또는 ▨▨▨▨ 등으로 평가한다.

07 일반유형자산은 해당 자산의 건설원가 또는 매입가액에 부대비용을 더한 금액을 취득원가로 하고, 객관적이고 합리적인 방법으로 추정한 기간에 ▨▨▨▨ 등을 적용하여 감가상각한다. 일반유형자산에 대한 사용수익권은 ▨▨▨▨에 표시한다.

08 사회기반시설 중 관리·유지 노력에 따라 취득 당시의 용역 잠재력을 그대로 유지할 수 있는 시설에 대해서는 ▨▨▨▨하지 아니하고 ▨▨▨▨으로 ▨▨▨▨을 대체할 수 있다.

09 국가회계에 있어 무형자산은 ▨▨▨▨에 따라 해당 자산을 ▨▨▨▨시점부터 합리적인 기간 동안 상각한다. 이 경우 상각기간은 독점적·배타적인 권리를 부여하고 있는 관계 법령이나 계약에서 정한 경우를 제외하고는 ▨▨▨▨을 초과할 수 없다.

10 재정상태표에 표시하는 부채의 가액은 원칙적으로 ▨▨▨▨으로 평가한다.

11 퇴직급여충당부채는 재정상태표일 현재 「공무원연금법」 및 「군인연금법」을   퇴직금 지급대
상자가 일시에 퇴직할 경우 지급하여야 할 퇴직금으로 평가한다.

12 금융리스는 리스료를   로 할인한 가액과 리스자산의   중   금액을 리스자
산과 리스부채로 각각 계상하여   하고, 운용리스는 리스료를 해당 회계연도의   으
로 회계처리한다.

기본문제

01 『지방자치단체 회계기준에 관한 규칙』에서 규정하는 자산의 회계처리에 대한 설명으로 옳은 것은?

2017 국가직 9급

① 재고자산은 구입가액에 부대비용을 더하고 이에 총평균법을 적용하여 산정한 가액을 취득원가로 평가함을 원칙으로 한다.

② 장기투자증권은 매입가격에 부대비용을 더하고 이에 종목별로 선입선출법을 적용하여 산정한 취득원가로 평가함을 원칙으로 한다.

③ 주민편의시설 중 상각대상 자산에 대한 감가상각은 정액법을 원칙으로 한다.

④ 사회기반시설 중 유지보수를 통하여 현상이 유지되는 도로, 도시철도, 하천부속시설 등에 대한 감가상각은 사용량비례법을 원칙으로 한다.

02 국가회계기준에 대한 설명으로 옳지 않은 것은?

2020 국가직 9급

① 재무제표는 재정상태표, 재정운영표, 순자산변동표, 현금흐름표로 구성하되, 재무제표에 대한 주석도 포함된다.

② 자산은 금융자산, 유·무형자산 및 기타 자산으로 구분하여 재정상태표에 표시한다.

③ 순자산은 자산에서 부채를 뺀 금액을 말하며, 기본순자산, 적립금 및 잉여금, 순자산조정으로 구분한다.

④ 재정상태표에 표시하는 자산의 가액은 해당 자산의 공정가액을 기초로 하여 계상한다.

정답과 해설

01 **정답** ③

해설 ① 재고자산은 선입선출법을 적용하는 것을 원칙으로 한다.

② 장기투자증권은 총평균법을 적용하는 것을 원칙으로 한다.

④ 사회기반시설은 일반유형자산과 주민편의시설과 마찬가지로 정액법 상각을 원칙으로 한다.

02 **정답** ④

해설 공정가액이 아닌 취득원가를 기초로 하여 계상한다.

03 『국가회계기준에 관한 규칙』에 대한 설명으로 옳지 않은 것은?　　　　2024 국가직 9급

① 금융자산은 현금 및 현금성자산, 금융상품, 투자증권, 정부출자금, 대여금, 미수채권, 기타 금융자산을 말한다.

② 중앙관서 또는 기금의 순자산변동표는 기초순자산, 재정운영결과, 재원의 조달 및 이전, 조정항목, 기말 순자산으로 구분하여 표시한다.

③ 무주부동산의 취득, 국가 외의 상대방과의 교환 또는 기부채납 등의 방법으로 자산을 취득한 경우에는 취득 당시의 공정가액을 취득원가로 한다.

④ 국가회계실체 사이에 발생하는 관리전환은 유상거래일 경우에는 자산의 장부가액을 취득원가로 한다.

04 『국가회계기준에 관한 규칙』에 대한 설명으로 옳지 않은 것은?　　　　2015 국가직 9급

① 재무제표는 재정상태표, 재정운영표, 순자산변동표, 현금흐름표로 구성하되 재무제표에 대한 주석을 포함한다.

② 현재 세대와 미래 세대를 위하여 정부가 영구히 보존하여야 할 자산으로서 역사적, 자연적, 문화적, 교육적 및 예술적으로 중요한 가치를 갖는 자산(유산자산)은 자산으로 인식하지 아니하고 그 종류와 현황 등을 주석으로 공시한다.

③ 재정상태표에 표시하는 부채의 가액은 원칙적으로 현재가치로 평가한다.

④ 사회기반시설 중 관리·유지 노력에 따라 취득 당시의 용역잠재력을 그대로 유지할 수 있는 시설에 대해서는 감가상각하지 아니하고 관리·유지에 투입되는 비용으로 감가상각비용을 대체할 수 있다.

05 『국가회계기준에 관한 규칙』과 『지방자치단체 회계기준에 관한 규칙』상 자산, 부채의 평가에 대한 설명으로 옳지 않은 것은?　　　　2020 지방직 9급

① 국가의 도로는 관리, 유지 노력에 따라 취득 당시의 용역잠재력을 그대로 유지할 수 있는 경우 감가상각 대상에서 제외할 수 있다.

② 재정상태표에 기록하는 자산의 가액은 해당 자산의 취득원가를 기초로 하여 계상함을 원칙으로 한다.

③ 부채의 가액은 따로 정한 경우를 제외하고는 원칙적으로 만기상환가액으로 평가한다.

④ 국가외 지방자치단체의 일반유형자산과 사회기반시설은 공정가액으로 재평가하여야 한다.

06 『국가회계기준에 관한 규칙』에 대한 설명으로 옳지 않은 것은? 2021 국가직 9급

① 국채는 국채발행수수료 및 발행과 관련하여 직접 발생한 비용을 뺀 발행가액으로 평가한다.

② 파생상품은 공정가액으로 평가하여 해당 계약에 따라 발생한 권리와 의무를 각각 자산 및 부채로 계상한다.

③ 화폐성 외화부채는 재정상태표일 현재의 적절한 환율로 평가한다.

④ 사회기반시설에 대한 사용수익권은 부채로 표시한다.

07 『국가회계기준에 관한 규칙』상 자산과 부채의 평가에 대한 설명으로 옳지 않은 것은? 2021 지방직 9급

① 재정상태표에 표시하는 자산의 가액은 해당 자산의 취득원가를 기초로 하여 계상한다.

② 국채는 국채발행수수료 및 발행과 관련하여 직접 발생한 비용을 뺀 발행가액으로 평가한다.

③ 일반유형자산은 해당 자산의 건설원가 또는 매입가액에 부대비용을 더한 금액을 취득원가로 하고, 객관적이고 합리적인 방법으로 추정한 기간에 정액법 등을 적용하여 감가상각한다.

④ 국가회계실체 사이에 발생하는 관리전환은 무상거래일 경우에는 자산의 공정가액을 취득원가로 하고, 유상거래일 경우에는 자산의 장부가액을 취득원가로 한다.

08 『지방자치단체 회계기준에 관한 규칙』의 회계변경과 오류수정에 대한 설명으로 옳지 않은 것은?

2022 지방직 9급

① 회계정책 또는 회계추정을 변경한 경우에는 그 변경내용, 변경사유 및 변경이 해당 회계연도의 재무제표에 미치는 영향을 주석으로 표시한다.

② 회계추정의 변경에 따른 영향은 비교표시되는 직전 회계연도의 기초순자산 및 그 밖의 대응금액을 회계추정의 변경 이전 처음부터 적용된 것으로 조정한다.

③ 오류의 수정은 전년도 이전에 발생한 회계기준적용의 오류, 추정의 오류, 계정분류의 오류, 계산상의 오류, 사실의 누락 및 사실의 오용 등을 수정하는 것이다.

④ 중대한 오류를 수정한 경우에는 중대한 오류로 판단한 근거, 비교재무제표에 표시된 과거회계기간에 대한 수정금액, 비교재무제표가 다시 작성되었다는 사실을 주석으로 포함한다.

06 정답 ④

해설 사회기반시설에 대한 사용수익권은 해당 자산의 차감항목에 표시한다.

07 정답 ④

해설 국가회계실체 사이에 발생하는 관리전환은 무상거래일 경우에는 자산의 장부가액을 취득원가로 하고, 유상거래일 경우에는 자산의 공정가액을 취득원가로 한다.

08 정답 ②

해설 정부회계의 회계변경과 오류수정에 대한 규정은 기업회계와 유사하므로 회계추정의 변경은 소급법이 아닌 전진법을 적용한다. 따라서 회계추정의 변경에 따른 영향은 해당 회계연도 후의 기간에 미치는 것으로 한다.

09 『지방자치단체 회계기준에 관한 규칙』에 대한 설명으로 옳은 것은? 2023 지방직 9급

① 부채는 유동부채, 장기차입부채, 장기충당부채 및 기타 비유동부채로 구분하여 재정상태표에 표시한다.

② 특정순자산은 주민편의시설, 사회기반시설 및 무형자산의 투자액에서 그 시설의 투자재원을 마련할 목적으로 조달한 장기차입금 및 지방채증권 등을 뺀 금액으로 한다.

③ 부채의 가액은 회계실체가 지급의무를 지는 채무액을 말하며, 채무액은 이 규칙에서 정하는 것을 제외하고는 만기상환가액으로 함을 원칙으로 한다.

④ 교환거래에 의한 비용은 가치의 이전에 대한 의무가 존재하고 그 금액을 합리적으로 측정할 수 있을 때에 인식한다.

10 『국가회계기준에 관한 규칙』과 『지방자치단체 회계기준에 관한 규칙』에 대한 설명으로 옳지 않은 것은?

2017 지방직 9급

① 국가의 일반유형자산과 사회기반시설을 취득한 후 재평가할 때에는 공정가액으로 계상하여야 한다.

② 국가와 지방자치단체의 금융리스는 리스료를 내재이자율로 할인한 가액과 리스자산의 공정가액 중 낮은 금액을 리스자산과 리스부채로 각각 계상하여 감가상각한다.

③ 국가의 투자증권은 매입가액에 부대비용을 더하고 종목별로 총평균법 등을 적용하여 산정한 가액을 취득원가로 한다.

④ 기부채납 등으로 인한 지방자치단체의 순자산 증가는 수익에 포함한다.

11 다음 자료를 이용하여 국가회계실체인 A부의 재정상태표에 표시할 자산의 장부가액은?

2018 국가직 9급

> • 국가회계실체인 B부가 ₩200,000,000으로 계상하고 있던 토지를 관리전환 받아 공정가액 ₩300,000,000을 지급하고 취득함
> • 국가 외의 상대방으로부터 공정가액 ₩1,000,000,000인 건물을 무상으로 기부 받고 동시에 건물에 대하여 10년에 걸쳐 사용수익권 ₩500,000,000을 기부자에게 제공하기로 함
> • 공정가액 ₩700,000,000인 무주토지를 발굴하여 자산에 등재함

① ₩1,400,000,000

② ₩1,500,000,000

③ ₩2,000,000,000

④ ₩2,500,000,000

---

10 정답 ④

해설 회계 간의 재산 이관, 물품 소관의 전환, 기부채납 등으로 생긴 순자산의 증가는 수익에 포함하지 아니한다.

11 정답 ②

해설 국가회계실체 사이에 발생하는 관리전환은 무상거래일 경우에는 자산의 장부가액을 취득원가로 하고, 유상거래일 경우에는 자산의 공정가액을 취득원가로 한다. 유상거래이므로 공정가액 ₩300,000,000이 취득원가가 된다. 무주부동산의 취득, 기부채납의 경우 취득 당시의 공정가액을 취득원가로 한다. 일반유형자산에 대한 사용수익권은 해당 자산의 차감항목으로 표시한다.

자산의 장부가액 = 관리전환자산(유상) ₩300,000,000 + 건물(기부채납 ₩1,000,000,000 - 사용수익권 ₩500,000,000) + 무주토지 ₩700,000,000 = ₩1,500,000,000

12 『지방자치단체 회계기준에 관한 규칙』상 자산의 평가에 대한 설명으로 옳은 것은?　　2019 지방직 9급

① 미수세금은 합리적이고 객관적인 기준에 따라 평가하여 대손충당금을 설정하고 이를 미수세금 금액에서 차감하는 형식으로 표시하며, 대손충당금의 내역은 주석으로 공시한다.

② 재고자산은 구입가액에 부대비용을 더하고 이에 총평균법을 적용하여 산정한 가액을 취득원가로 할 수 있으나, 그 내용을 주석으로 공시할 필요는 없다.

③ 도로, 도시철도, 하천부속시설 등 사회기반시설은 예외 없이 감가상각하여야 한다.

④ 장기투자증권은 매입가격에 부대비용을 더하고 이에 종목별로 총평균법을 적용하여 산정한 취득원가로 기록한 후, 매년 말 공정가치와 장부금액을 비교하여 평가손익을 인식한다.

13 『국가회계기준에 관한 규칙』에 대한 설명으로 옳지 않은 것은?　　2019 국가직 7급

① 재정상태표상 순자산은 자산에서 부채를 뺀 금액을 말하며, 기본순자산, 적립금 및 잉여금, 순자산조정으로 구분한다.

② 융자보조원가충당금은 융자사업에서 발생한 융자금 원금과 추정 회수가능액의 현재가치와의 차액으로 평가한다.

③ 채무증권은 상각후취득원가로 평가하고, 지분증권은 취득원가로 평가한다. 다만, 재정상태표일 현재 신뢰성 있게 공정가액을 측정할 수 있으면 그 공정가액으로 평가하며, 장부가액과 공정가액의 차이금액은 순자산조정에 반영한다.

④ 일반유형자산에 대해서는 재평가를 할 수 있으나 사회기반시설에 대해서는 재평가를 할 수 없다.

12　**정답** ①

　해설 ② 재고자산에 대해서는 총평균법이 아닌 선입선출법을 적용하는 것이 원칙이다. 다만, 다른 방법을 적용하는 것이 보다 합리적이라고 인정되는 경우에는 해당 방법을 적용하되 그 내용을 주석으로 공시해야 한다.

　③ 사회기반시설 중 유지보수를 통하여 현상이 유지되는 도로, 도시철도, 하천부속시설 등은 감가상각 대상에서 제외할 수 있다.

　④ 지방자치단체 회계의 경우 장기투자증권에 대해 취득원가로 평가하고, 공정가치의 변동은 원칙적으로 반영하지 않는다.

13　**정답** ④

　해설 사회기반시설에 대해서도 재평가가 가능하다.

14 『국가회계기준에 관한 규칙』에 대한 설명으로 옳은 것은? 2020 국가직 7급

① 현재 세대와 미래 세대를 위하여 정부가 영구히 보존하여야 할 자산으로서 역사적, 자연적, 문화적, 교육적 및 예술적으로 중요한 가치를 갖는 자산은 자산으로 인식하지 아니하고 그 종류와 현황 등을 주석으로 공시한다.

② 미래예상거래의 현금흐름변동위험을 회피하는 파생상품 계약에서 발생하는 평가손익은 발생한 시점의 재정운영결과에 반영한다.

③ 압수품 및 몰수품이 비화폐성 자산인 경우 압류 또는 몰수 당시의 시장가격으로 평가하며 감정가액으로 평가할 수 없다.

④ 우발자산은 과거의 거래나 사건으로 발생하였으나 국가회계 실체가 전적으로 통제할 수 없는 하나 이상의 불확실한 미래사건의 발생 여부로만 그 존재 유무를 확인할 수 있는 잠재적 자산을 말하며, 경제적 효익의 유입 가능성이 매우 높은 경우 재정상태표에 자산으로 공시한다.

15 『지방자치단체 회계기준에 관한 규칙』에서 자산 및 부채 평가에 대한 설명으로 가장 옳지 않은 것은? 2022 서울시 7급

① 미수세금은 합리적이고 객관적인 기준에 따라 평가하여 대손충당금을 설정하고 이를 미수세금 금액에서 차감하는 형식으로 표시한다.

② 일반유형자산과 주민편의시설에 대한 사용수익권은 해당 자산의 가산항목으로 표시한다.

③ 우발이익의 발생이 확실하고 그 이익금액을 합리적으로 추정할 수 있는 경우 우발상황의 내용을 주석으로 표시한다.

④ 회계추정의 변경에 따른 영향은 해당 회계연도 후의 기간에 미치는 것으로 한다.

14 **정답** ①

해설 ② 파생상품에서 발생한 평가손익은 발생한 시점에 재정운영결과에 반영한다. 다만, 미래예상거래의 현금흐름변동위험을 회피하는 계약에서 발생하는 평가손익은 순자산조정에 반영한다.
③ 압수품 및 몰수품이 비화폐성 자산인 경우 압류 또는 몰수 당시의 감정가액 또는 공정가액 등으로 평가한다.
④ 우발자산은 경제적 효익의 유입 가능성이 매우 높은 경우 주석에 공시한다.

15 **정답** ②

해설 일반유형자산과 주민편의시설에 대한 사용수익권은 해당 자산의 '차감'항목으로 표시한다.

16 『지방자치단체 회계기준에 관한 규칙』상 자산 및 부채의 평가에 대한 설명으로 옳지 <u>않은</u> 것은?

2024 국가직 7급

① 재정상태표에 기재하는 자산은 자산의 진부화, 물리적인 손상 및 시장가치의 급격한 하락 등의 원인으로 인하여 해당 자산의 회수가능가액이 장부가액에 미달하고 그 미달액이 중요한 경우에는 이를 장부가액에서 직접 차감하여 회수가능가액으로 조정하고 감액내역을 주석으로 공시한다. 이 경우 회수가능가액은 해당 자산의 순 실현가능액과 사용가치 중 작은 금액으로 한다.

② 미수세금은 합리적이고 객관적인 기준에 따라 평가하여 대손충당금을 설정하고 이를 미수세금 금액에서 차감하는 형식으로 표시하며, 대손충당금의 내역은 주석으로 공시한다.

③ 일반유형자산과 주민편의시설 중 상각대상 자산에 대한 감가상각은 정액법 적용을 원칙으로 한다. 일반유형자산과 주민편의시설에 대한 사용수익권은 해당 자산의 차감항목으로 표시한다.

④ 지방채증권의 액면가액과 발행가액의 차이는 지방채할인 또는 할증 발행차금으로 하고, 할인 또는 할증 발행차금은 증권 발행시부터 최종 상환시까지의 기간에 유효이자율 등으로 상각 또는 환입하고 그 상각액 또는 환입액은 지방채증권에 대한 이자비용에 더하거나 뺀다.

17 국가회계기준에 관한 규칙』에서 정한 자산과 부채의 평가에 대한 내용으로 옳지 <u>않은</u> 것은?

2016 국가직 9급

① 일반유형자산에 대한 사용수익권은 해당 자산의 차감항목에 표시한다.

② 사회기반시설 중 관리·유지 노력에 따라 취득당시 용역잠재력을 그대로 유지할 수 있는 시설에 대해서는 감가상각하지 아니하고 관리·유지에 투입되는 비용으로 감가상각비용을 대체할 수 있다.

③ 투자증권은 부대비용을 제외한 매입가액에 종목별로 총평균법을 적용하여 산정한 가액을 취득원가로 한다.

④ 재정상태표에 표시하는 부채의 가액은 『국가회계기준에 관한 규칙』에 따로 정한 경우를 제외하고는 원칙적으로 만기상환가액으로 평가한다.

18 『국가회계기준에 관한 규칙』상 '자산과 부채의 평가'에 대한 설명으로 옳지 않은 것은?

2018 국가직 7급

① 국가회계실체 사이에 발생하는 관리전환이 무상거래일 경우에는 취득 당시의 공정가액을 취득원가로 한다.
② 무형자산은 정액법에 따라 해당 자산을 사용할 수 있는 시점부터 합리적인 기간 동안 상각한다.
③ 비화폐성 외화자산을 역사적 원가로 측정하는 경우 해당 자산을 취득한 당시의 적절한 환율로 평가한다.
④ 보증충당부채는 보증채무불이행에 따른 추정 순현금유출액의 현재가치로 평가한다.

19 『국가회계기준에 관한 규칙』상 '부채의 분류 및 평가'에 대한 설명으로 옳지 않은 것은?

2019 국가직 7급

① 재정상태표상 부채는 유동부채, 장기차입부채 및 기타비유동부채로 분류한다.
② 장기연불조건의 거래, 장기금전대차거래 또는 이와 유사한 거래에서 발생하는 채권·채무로서 명목가액과 현재가치의 차이가 중요한 경우에는 현재가치로 평가한다.
③ 화폐성 외화부채는 재정상태표일 현재의 적절한 환율로 평가한다.
④ 재정상태표에 표시되는 부채의 가액은 『국가회계기준에 관한 규칙』에서 따로 정한 경우를 제외하고는 원칙적으로 만기 상환가액으로 평가한다.

정답과 해설

18 **정답** ①
해설 국가회계실체 사이에 발생하는 관리전환은 무상거래일 경우에는 자산의 장부가액을 취득원가로 하고, 유상거래일 경우에는 자산의 공정가액을 취득원가로 한다.

19 **정답** ②
해설 지방자치단체의 분류다. 국가의 부채는 유동·비유동 구분 없이 차입부채, 충당부채 및 기타 부채로 구분하여 재정상태표에 표시한다.

20 『지방자치단체 회계기준에 관한 규칙』의 자산 및 부채의 평가에 대한 설명으로 옳은 것은?

2021 국가직 9급

① 일반유형자산과 주민편의시설은 당해 자산의 건설원가나 매입가액을 취득원가로 평가함을 원칙으로 한다.

② 무형자산은 정률법에 따라 당해 자산을 사용할 수 있는 시점부터 합리적인 기간동안 상각한다.

③ 사회기반시설 중 유지보수를 통하여 현상이 유지되는 도로, 도시철도, 하천부속시설 등은 감가상각대상에서 제외할 수 없다.

④ 퇴직급여충당 부채는 회계연도말 현재 『공무원연금법』을 적용받는 지방공무원을 제외한 무기계약근로자 등이 일시에 퇴직할 경우 지방자치단체가 지급하여야 할 퇴직금에 상당한 금액으로 한다.

21 『지방자치단체 회계기준에 관한 규칙』상 자산 및 부채의 평가에 대한 설명으로 〈보기〉에서 옳은 것을 모두 고른 것은?

2024 서울시 7급

――――――――〈보기〉――――――――

ㄱ. 금융리스는 리스료를 내재이자율로 할인한 가액과 리스자산의 공정가액 중 높은 금액을 리스자산과 리스부채로 각각 계상하여 감가상각한다.

ㄴ. 사회기반시설 중 유지보수를 통하여 현상이 유지되는 도로, 도시철도, 하천부속시설 등은 감가상각 대상에서 제외할 수 있다.

ㄷ. 지방채증권은 발행가액으로 평가하되, 발행가액은 지방채증권 발행수수료 및 발행과 관련하여 직접 발생한 비용을 뺀 후의 가액으로 한다.

ㄹ. 재정상태표 보고일 현재 우발손실의 발생이 확실하고 그 손실금액을 합리적으로 추정할 수 있는 경우, 우발손실을 재무제표에 반영하고 그 내용을 주석으로 표시한다.

ㅁ. 사회기반시설에 대한 사용수익권은 해당 자산의 가산항목으로 표시한다.

① ㄱ, ㄴ, ㄹ

② ㄱ, ㄷ, ㅁ

③ ㄴ, ㄷ, ㄹ

④ ㄷ, ㄹ, ㅁ

정답과 해설

20 **정답** ④

해설 ① 일반유형자산과 주민편의시설은 당해 자산의 건설원가나 매입가액에 '부대비용을 더한' 취득원가로 평가함을 원칙으로 한다. 아주 치사한 지문이다.

② 정률법이 아닌 정액법에 따라 상각한다.

③ 감가상각 대상에서 제외할 수 있으며, 유지보수에 투입되는 비용과 감가상각을 하지 아니한 이유를 주석으로 공시한다.

21 **정답** ③

해설 ㄱ. 금융리스는 리스료를 내재이자율로 할인한 가액과 리스자산의 공정가액 중 '낮은' 금액을 리스자산과 리스부채로 각각 계상하여 감가상각하고, 운용리스는 리스료를 해당 회계연도의 비용으로 회계처리한다.

ㅁ. 사회기반시설에 대한 사용수익권은 해당 자산의 '차감' 항목으로 표시한다.

22 『국가회계기준에 관한 규칙』상 자산의 평가에 대한 설명으로 옳지 않은 것은?　　2016 서울시 7급

① 대여금 및 미수채권은 신뢰성 있고 객관적인 기준에 따라 산출한 대손추산액을 대손충당금으로 설정하여 평가한다.

② 투자증권은 매입가액에 부대비용을 더하고 종목별로 총평균법 등을 적용하여 산정한 가액을 취득원가로 한다.

③ 채무증권, 지분증권은 취득원가로 평가한다.

④ 정부출자금은 출자액 또는 매입가액에 부대비용을 더하고 품목별로 총평균법 등을 적용하여 산정한 가액을 취득원가로 한다.

23 『국가회계기준에 관한 규칙』과 『지방자치단체 회계기준에 관한 규칙』의 자산에 대한 다음 설명 중 옳지 않은 것은?　　2020 공인회계사

① 지방자치단체는 주민의 편의를 위해서 1년 이상 반복적 또는 계속적으로 사용되는 도서관, 주차장, 공원, 박물관 및 미술관 등을 재정상태표에 주민편의시설로 표시한다.

② 국가는 무형자산의 상각대상금액을 내용연수동안 체계적으로 배부하기 위해 정액법 등 다양한 방법을 사용할 수 있다.

③ 국가는 압수품 및 몰수품이 화폐성자산일 경우 압류 또는 몰수 당시의 시장가격으로 평가한다.

④ 지방자치단체는 문화재, 예술작품, 역사적 문건 및 자연자원은 자산으로 인식하지 않고 필수보충정보의 관리책임자산으로 보고한다.

⑤ 지방자치단체의 장기투자증권은 매입가격에 부대비용을 더하고 이에 종목별로 총평균법을 적용하여 산정한 취득원가로 평가함을 원칙으로 한다.

정답과 해설

22 **정답** ③

해설 채무증권은 '상각후취득원가'로 평가하고, 지분증권은 취득원가로 평가한다. 다만, 재정상태표일 현재 신뢰성 있게 공정가액을 측정할 수 있으면 그 공정가액으로 평가한다.

23 **정답** ②

해설 무형자산은 정액법에 따라 해당 자산을 사용할 수 있는 시점부터 합리적인 기간 동안 상각한다.

24 『국가회계기준에 관한 규칙』과 『지방자치단체 회계기준에 관한 규칙』에 대한 다음 설명 중 옳지 않은 것은?

2022 공인회계사

① 국가회계실체는 일반회계, 특별회계 및 기금으로서 중앙관서별로 구분된 것을 말하며, 지방자치단체의 유형별 회계실체는 일반회계, 기타특별회계, 기금회계 및 지방공기업특별회계로 구분한다.
② 국가의 유산자산과 지방자치단체의 관리책임자산은 재정상태표 상 자산으로 인식하지 않는다.
③ 국가 재정상태표와 달리 지방자치단체 재정상태표에는 '주민편의시설'이라는 자산 분류가 존재한다.
④ 국가와 지방자치단체는 회계실체 사이에 발생하는 관리전환(물품소관의 전환)이 무상거래일 경우에는 자산의 장부가액을 취득원가로 하고, 유상거래일 경우에는 자산의 공정가액을 취득원가로 한다.
⑤ 국가 재정상태표에서는 순자산을 기본순자산, 적립금 및 잉여금, 순자산조정으로 구분하며, 지방자치단체 재정상태표에서는 순자산을 고정순자산, 특정순자산 및 일반순자산으로 분류한다.

25 『지방자치단체 회계기준에 관한 규칙』상의 자산 및 부채평가와 관련된 다음 설명 중 가장 옳은 것은?

2017 서울시 9급

① 사회기반시설 중 유지보수를 통하여 현상이 유지되는 도로, 도시철도, 하천부속시설 등도 감가상각하여야 한다.
② 지방채증권은 발행가액으로 평가하되, 발행가액은 지방채증권 발행수수료 및 발행과 관련하여 직접 발생한 비용을 가산한 가액으로 한다.
③ 일반유형자산과 주민편의시설에 대한 사용수익권은 해당 자산의 차감항목으로 표시한다.
④ 퇴직급여충당부채는 회계연도말 현재 『공무원연금법』을 적용받는 지방공무원이 일시에 퇴직할 경우 지방자치단체가 지급하여야 할 퇴직금에 상당한 금액으로 한다.

정답과 해설

24 **정답** ④
해설 국가의 경우에만 해당하는 내용이다. 지방자치단체의 경우 회계 간의 재산 이관이나 물품 소관의 전환으로 취득한 자산의 가액은 직전 회계실체의 장부가액으로 한다.

25 **정답** ③
해설 ① 사회기반시설 중 유지보수를 통하여 현상이 유지되는 도로, 도시철도, 하천부속시설 등은 감가상각 대상에서 제외할 수 있다.
② 지방채증권은 발행가액으로 평가하되, 발행가액은 지방채증권 발행수수료 및 발행과 관련하여 직접 발생한 비용을 '뺀' 후의 가액으로 한다.
④ 퇴직급여충당부채는 회계연도말 현재 『공무원연금법』을 적용받는 지방공무원을 '제외한' 무기계약근로자 등이 일시에 퇴직할 경우 지방자치단체가 지급하여야 할 퇴직금에 상당한 금액으로 한다.

26 『국가회계기준에 관한 규칙』에서 정하는 자산과 부채의 평가에 대한 다음 설명 중 옳지 않은 것은?

2019 공인회계사

① 사회기반시설 중 관리·유지 노력에 따라 취득 당시의 용역잠재력을 그대로 유지할 수 있는 시설에 대해서는 감가상각하지 아니하고 관리·유지에 투입되는 비용으로 감가상각비용을 대체할 수 있다. 다만, 효율적인 사회기반시설 관리시스템으로 사회기반시설의 용역 잠재력이 취득 당시와 같은 수준으로 유지된다는 것이 객관적으로 증명되는 경우로 한정한다.

② 재정상태표에 표시하는 부채의 가액은 『국가회계기준에 관한 규칙』에서 따로 정한 경우를 제외하고는 원칙적으로 만기상환가액으로 평가한다.

③ 채무증권은 상각후취득원가로 평가하고, 지분증권은 취득원가로 평가한다. 다만, 재정상태표일 현재 신뢰성 있게 공정가액을 측정할 수 있으면 그 공정가액으로 평가하며, 장부가액과 공정가액의 차이금액은 순자산조정에 반영한다.

④ 유·무형자산의 내용연수를 연장시키거나 가치를 실질적으로 증가시키는 지출은 자산의 증가로 회계처리하고, 원상회복시키거나 능률유지를 위한 지출은 비용으로 회계처리한다.

⑤ 장기연불조건의 거래, 장기금전대차거래 또는 이와 유사한 거래에서 발생하는 채권·채무로서 명목가액과 현재가치의 차이가 중요한 경우에도 명목가액으로 평가한다.

27 『국가회계기준에 관한 규칙』에 대한 다음 설명 중 옳지 않은 것은?

2019 공인회계사

① 무형자산은 해당 자산의 개발원가 또는 매입가액에 부대비용을 더한 금액을 취득원가로 하여 평가하며, 정액법에 따라 해당 자산을 사용할 수 있는 시점부터 합리적인 기간동안 상각한다. 이 경우 상각기간은 독점적·배타적인 권리를 부여하고 있는 관계 법령이나 계약에서 정한 경우를 제외하고는 20년을 초과할 수 없다.

② 재고자산의 시가가 취득원가보다 낮은 경우에는 시가를 재정상태표 가액으로 한다. 이 경우 원재료 외의 재고자산의 시가는 순실현가능가액을 말하며, 생산과정에 투입될 원재료의 시가는 현재 시점에서 매입하거나 재생산하는 데 드는 현행대체원가를 말한다.

③ 중앙관서 또는 기금의 재정운영표를 통합하여 작성하는 국가의 성질별 재정운영표는 사업순원가, 재정운영순원가, 재정운영결과로 구분하여 표시한다.

④ 화폐성 외화자산과 화폐성 외화부채는 재정상태표일 현재의 적절한 환율로 평가한다. 이에 따라 발생하는 환율변동효과는 외화평가손실 또는 외화평가이익의 과목으로 하여 재정운영결과에 반영한다.

⑤ 보증충당부채는 보증약정 등에 따른 피보증인인 주채무자의 채무불이행에 따라 국가회계실체가 부담하게 될 추정 순현금유출액의 현재가치로 평가한다.

정답과 해설

26 **정답** ⑤

해설 장기연불조건의 거래, 장기금전대차거래 또는 이와 유사한 거래에서 발생하는 채권·채무로서 명목가액과 현재가치의 차이가 중요한 경우에는 '현재가치'로 평가한다.

27 **정답** ③

해설 '분야별' 재정운영표에 대한 설명이다. '성질별' 재정운영표는 수익(국세수익, 이전수익 및 국가운영수익으로 구분하여 표시), 비용(이전비용 및 국가운영비용으로 구분하여 표시), 재정운영결과(비용에서 수익을 뺀 금액)로 구분하여 표시한다.

28 『국가회계기준에 관한 규칙』상 자산과 부채의 평가에 대한 설명으로 옳지 않은 것은?　2015 국가직 7급

① 재고자산의 시가가 취득원가보다 낮은 경우에는 시가를 재정상태표 가액으로 하며, 생산과정에 투입될 원재료의 시가는 순실현가능가액을 말한다.

② 재고자산은 제조원가 또는 매입가액에 부대비용을 더한 금액을 취득원가로 한다.

③ 재고자산은 실물흐름과 원가산정 방법 등에 비추어 선입선출법 이외의 방법을 적용하는 것이 보다 합리적이라고 인정되는 경우에는 개별법, 이동평균법 등을 적용하고 그 내용을 주석으로 표시한다.

④ 국가회계실체 사이에 발생하는 관리전환은 무상거래일 경우에는 자산의 장부가액을 취득원가로 하고, 유상거래일 경우에는 자산의 공정가액을 취득원가로 한다.

29 『지방자치단체 회계기준에 관한 규칙』상 자산·부채의 평가에 대한 설명으로 옳지 않은 것은?

2024 지방직 9급

① 회계실체 간 재산 이관이나 물품 소관의 전환으로 취득한 자산의 가액은, 무상거래일 경우에는 자산의 장부가액으로 하고 유상거래일 경우에는 자산의 공정가액으로 한다.

② 재정상태표에 기재하는 자산은 자산의 진부화, 물리적인 손상 및 시장가치의 급격한 하락 등의 원인으로 인하여 해당 자산의 회수가능가액이 장부가액에 미달하고 그 미달액이 중요한 경우에는 이를 장부가액에서 직접 차감하여 회수가능가액으로 조정하고 감액내역을 주석으로 공시한다.

③ 장기연불조건의 매매거래, 장기금전대차거래 또는 이와 유사한 거래에서 발생하는 채권·채무로서 명목가액과 현재가치의 차이가 중요한 경우에는 이를 현재가치로 평가한다.

④ 우발상황은 미래에 어떤 사건이 발생하거나 발생하지 아니함으로 인하여 궁극적으로 확정될 손실 또는 이익으로서 발생여부가 불확실한 현재의 상태 또는 상황을 말하며, 재정상태표 보고일 현재 우발손실의 발생이 확실하고 그 손실금액을 합리적으로 추정할 수 있는 경우 우발손실을 재무제표에 반영하고 그 내용을 주석으로 표시한다.

정답과 해설

28 정답 ①

해설 재고자산에 대한 저가법 적용 시 원재료 외의 재고자산의 시가는 순실현가능가액을 말하며, 생산과정에 투입될 원재료의 시가는 현재 시점에서 매입하거나 재생산하는 데 드는 '현행대체원가'를 말한다.

29 정답 ①

해설 지방자치단체의 경우 회계 간의 재산 이관이나 물품 소관의 전환으로 취득한 자산의 가액은 유·무상 구분 없이 직전 회계실체의 장부가액으로 한다. 국가의 경우에 국가회계실체 사이에 발생하는 관리전환은 무상거래일 경우에는 자산의 장부가액을 취득원가로 하고, 유상거래일 경우에는 자산의 공정가액을 취득원가로 한다.

정부회계 관련 법률 규정

[시행 2026. 1. 2.] [법률 제21065호, 2025. 10. 1., 타법개정]

제1장 총칙

제1조(목적) 이 법은 국가회계와 이와 관계되는 기본적인 사항을 정하여 국가회계를 투명하게 처리하고, 재정에 관한 유용하고 적정한 정보를 생산·제공하는 것을 목적으로 한다.

제2조(정의) 이 법에서 사용하는 용어의 정의는 다음과 같다.
1. "중앙관서의 장"이란 다음 각 목의 어느 하나에 해당하는 사람을 말한다.
가. 「헌법」이나 「정부조직법」, 그 밖의 법률에 따라 설치된 중앙행정기관의 장
나. 국회사무총장, 법원행정처장, 헌법재판소사무처장 및 중앙선거관리위원회사무총장
2. "기금관리주체"란 법률에 따라 기금(제3조제2호의 기금을 말한다. 이하 이 호에서 같다)을 관리·운용하는 자(기금의 관리업무나 운용업무를 위탁받은 자는 제외한다)를 말한다.
3. 삭제

제3조(적용범위) 이 법은 다음 각 호의 회계 및 기금에 대하여 적용한다.
1. 「국가재정법」 제4조에 따른 일반회계 및 특별회계
2. 「국가재정법」 제5조제1항에 따라 설치된 기금(이하 "기금"이라 한다)

제4조(국가회계의 원칙) 국가회계는 다음 각 호의 원칙에 따라 처리되어야 한다.
1. 국가회계는 신뢰할 수 있도록 객관적인 자료와 증빙에 의하여 공정하게 처리되어야 한다.
2. 국가회계는 재정활동의 내용과 그 성과를 쉽게 파악할 수 있도록 충분한 정보를 제공하고, 간단·명료하게 처리되어야 한다.
3. 삭제

제5조(회계연도) 국가의 회계연도는 매년 1월 1일에 시작하여 12월 31일에 종료한다.

제6조(국가회계에 관한 사무의 관장 등) ① 재정경제부장관은 국가회계에 관한 사무를 총괄하고, 중앙관서의 장과 기금관리주체는 그 소관의 회계에 관한 사무를 관리한다.
② 중앙관서의 장은 제1항에 따른 사무에 관한 법령을 제정·개정 또는 폐지하려는 때에는 재정경제부장관 및 감사원과 협의하여야 한다.

제7조(회계책임관의 임명 등) ① 중앙관서의 장은 그 소관에 속하는 회계업무를 총괄적으로 수행하도록 하기 위하여 회계책임관을 임명하여야 한다.
② 회계책임관은 다음 각 호의 업무를 수행한다.

1. 제24조에 따른 내부통제 등 회계업무에 관한 사항

2. 회계·결산 및 분석에 관한 사항

3. 제1호 및 제2호의 업무와 관련된 공무원에 대한 지도·감독

4. 그 밖에 회계업무의 수행에 관하여 대통령령으로 정하는 사항

③ 회계책임관의 임명은 중앙관서의 장이 소속 관서에 설치된 직위를 지정하는 것으로 갈음할 수 있다.

제8조~제9조 삭제

제10조(다른 법률과의 관계) 이 법은 일반회계·특별회계 및 기금의 회계 및 결산에 관하여 다른 법률에 우선하여 적용한다.

제2장 회계처리의 기준

제11조(국가회계기준) ① 국가의 재정활동에서 발생하는 경제적 거래 등을 발생 사실에 따라 복식부기 방식으로 회계처리하는 데에 필요한 기준(이하 "국가회계기준"이라 한다)은 재정경제부령으로 정한다.

② 국가회계기준은 회계업무 처리의 적정을 도모하고 재정상태 및 재정운영의 내용을 명백히 하기 위하여 객관성과 통일성이 확보될 수 있도록 하여야 한다.

③ 삭제

④ 재정경제부장관은 국가회계기준에 관한 업무를 대통령령으로 정하는 바에 따라 전문성을 갖춘 기관 또는 단체에 위탁할 수 있다.

제12조 삭제

제3장 결산

제13조(결산의 수행) ① 중앙관서의 장은 회계연도마다 제14조·제15조 및 제15조의2에 따라 그 소관에 속하는 일반회계·특별회계 및 기금을 통합한 결산보고서(이하 "중앙관서결산보고서"라 한다)를 작성하여야 한다.

② 중앙관서의 장이 아닌 기금관리주체는 회계연도마다 제14조·제15조 및 제15조의2(세입세출결산에 관한 부분은 제외한다)에 따라 기금에 관한 결산보고서(이하 "기금결산보고서"라 한다)를 작성하여 소관 중앙관서의 장에게 제출하여야 한다. 이 경우 기금운용규모 등을 고려하여 대통령령으로 정하는 기준에 해당하는 기금은 기금결산보고서에 「공인회계사법」제23조에 따른 회계법인의 감사보고서를 첨부하여야 한다.

③ 재정경제부장관은 회계연도마다 중앙관서결산보고서를 통합하여 국가의 결산보고서(이하 "국가결산보고서"라 한다)를 작성한 후 국무회의의 심의를 거쳐 대통령의 승인을 받아야 한다.

④ 제2항 후단에 따른 회계감사의 방법·절차 등에 관하여 필요한 사항은 대통령령으로 정한다.

제14조(결산보고서의 구성) 결산보고서는 다음 각 호의 서류로 구성된다.

1. 결산 개요

2. 세입세출결산(중앙관서결산보고서 및 국가결산보고서의 경우에는 기금의 수입지출결산을 포함하고, 기금결산보고서의 경우에는 기금의 수입지출결산을 말한다)

3. 재무제표

가. 재정상태표

나. 재정운영표

다. 순자산변동표

라. 현금흐름표

4. 성과보고서

제15조(결산보고서의 작성) ① 제14조제1호에 따른 결산 개요는 결산의 내용을 요약하여 예산 및 기금의 집행 결과, 재정의 운영 내용과 재무상태를 분명하게 파악할 수 있도록 작성하여야 한다.

② 제14조제2호에 따른 세입세출결산은 세입세출예산 또는 기금운용계획과 같은 구분에 따라 그 집행 결과를 종합하여 작성하여야 한다. 이 경우 구체적인 작성사항은 대통령령으로 정한다.

③ 제14조제3호에 따른 재무제표는 국가회계기준에 따라 작성하여야 한다.

④ 제14조제4호에 따른 성과보고서는 「국가재정법」 제85조의6에 따른 성과계획서에서 정한 성과목표와 그에 대한 실적을 대비하여 작성하여야 한다.

제15조의2(결산보고서의 부속서류) ① 제14조제2호에 따른 세입세출결산(기금의 수입지출결산은 제외한다)에는 다음 각 호의 서류가 첨부되어야 한다.

1. 계속비 결산명세서

1의2. 세입세출결산 사업별설명서

2. 총액계상 사업집행명세서

3. 수입대체경비 사용명세서

4. 이월명세서

5. 명시이월비 집행명세서

6. 정부기업특별회계 회전자금운용명세서

7. 성인지(性認知) 결산서

7의2. 온실가스감축인지 결산서

8. 예비금 사용명세서

8의2. 「국가재정법」 제50조에 따른 총사업비 관리대상 사업의 사업별 집행명세서

9. 「국가재정법」 제53조제2항에 따른 현물출자명세서

10. 「국고금관리법」 제32조제1항에 따른 재정증권의 발행 및 한국은행 일시차입금의 운용명세서

11. 「국가재정법」 제90조에 따른 전년도 세계잉여금의 처리명세서

11의2. 「국가재정법」 제90조제9항에 따른 세계잉여금의 내역 및 사용계획

12. 그 밖에 대통령령으로 정하는 서류

② 기금의 수입지출결산에는 다음 각 호의 서류가 첨부되어야 한다.

1. 재원조성실적표

2. 성인지 기금결산서

2의2. 온실가스감축인지 기금결산서

3. 그 밖에 대통령령으로 정하는 서류

③ 국가결산보고서의 세입세출결산에는 제1항 및 제2항에 따른 서류 외에 다음 각 호의 서류가 첨부되어야 한다.

1. 통합재정수지표

2. 통합계정자금 운용 및 수익금사용명세서

④ 제14조제3호에 따른 재무제표에는 다음 각 호의 서류가 첨부되어야 한다.

1. 국가채무관리보고서

2. 「국가채권관리법」 제36조에 따른 국가채권현재액보고서

3. 그 밖에 대통령령으로 정하는 서류

⑤ 제1항제7호에 따른 성인지 결산서, 같은 항 제7호의2에 따른 온실가스감축인지 결산서, 제2항제2호에 따른 성인지 기금결산서 및 같은 항 제2호의2에 따른 온실가스감축인지 기금결산서의 작성에 관한 구체적인 사항은 대통령령으로 정한다.

제16조(예비비 사용명세서의 작성) ① 중앙관서의 장은 예비비로 사용한 금액의 명세서를 작성하여야 한다.

② 재정경제부장관은 제1항에 따른 예비비 사용명세서를 통합하여 예비비로 사용한 금액의 총괄명세서를 작성하여야 한다.

[이하 생략]

[시행 2025. 1. 1.] [기획재정부령 제1077호, 2024. 7. 31., 일부개정]

 사쌤 가이드

본문에서 언급한 대로 기존의 '기획재정부'가 2026년 1월부터 '기획예산처'와 '재정경제부'로 분리된다. 이를 반영하기 위해 국가회계법과 지방회계법은 2025년 10월 1일자로 개정되었다. 하지만 시행규칙은 아직 개정되지 않아 여전히 '기획재정부'라는 명칭을 사용하고 있다. 조만간 변경될 것으로 예상하기에 기획재정부 옆에 재정경제부를 임의로 병기하였다.

제1장 총칙

제1조(목적) 이 규칙은 「국가회계법」 제11조제1항에 따라 국가의 재정활동에서 발생하는 경제적 거래 등을 발생 사실에 따라 복식부기 방식으로 회계처리하는 데에 필요한 기준을 정함을 목적으로 한다.

제2조(정의) 이 규칙에서 사용하는 용어의 뜻은 다음과 같다.

1. "국가회계실체"란 「국가재정법」 제4조에 따른 일반회계, 특별회계 및 같은 법 제5조에 따른 기금으로서 중앙관서별로 구분된 것을 말한다.
2. "재정상태표일"이란 제7조에 따른 재정상태표의 작성 기준일을 말한다.
3. "공정가액"이란 합리적인 판단력과 거래의사가 있는 독립된 당사자 간에 거래될 수 있는 교환가격을 말한다.
4. "내부거래"란 재무제표를 작성할 때 상계(相計)되어야 하는 국가회계실체 간의 거래를 말한다.
5. "회수가능가액"이란 순실현가능가치와 사용가치 중 큰 금액을 말한다.

제3조(적용범위 등) ① 이 규칙은 「국가재정법」 제4조에 따른 일반회계, 특별회계 및 같은 법 제5조에 따른 기금의 회계처리에 대하여 적용한다.

② 이 규칙의 해석과 실무회계처리에 관한 사항은 기획재정부(재정경제부)장관이 정하는 바에 따른다.

③ 이 규칙에서 정하는 것 외의 사항에 대해서는 일반적으로 인정되는 회계원칙과 일반적으로 공정하고 타당하다고 인정되는 회계관습에 따른다.

제4조(일반원칙) 국가의 회계처리는 복식부기·발생주의 방식으로 하며, 다음 각 호의 원칙에 따라 이루어져야 한다.

1. 회계처리는 신뢰할 수 있도록 객관적인 자료와 증거에 따라 공정하게 이루어져야 한다.
2. 재무제표의 양식, 과목 및 회계용어는 이해하기 쉽도록 간단명료하게 표시하여야 한다.
3. 중요한 회계방침, 회계처리기준, 과목 및 금액에 관하여는 그 내용을 재무제표에 충분히 표시하여야 한다.

4. 회계처리에 관한 기준 및 추정(推定)은 기간별 비교가 가능하도록 기간마다 계속하여 적용하고 정당한 사유 없이 변경해서는 아니 된다.

5. 회계처리와 재무제표 작성을 위한 계정과목과 금액은 그 중요성에 따라 실용적인 방법으로 결정하여야 한다.

6. 회계처리는 거래 사실과 경제적 실질을 반영할 수 있어야 한다.

제5조(재무제표) ① 재무제표는 「국가회계법」 제14조제3호에 따라 재정상태표, 재정운영표, 순자산변동표 및 현금흐름표로 구성하되, 재무제표에 대한 주석을 포함한다.

② 삭제

③ 재무제표는 국가의 재정활동에 직접적 또는 간접적으로 이해관계를 갖는 정보이용자가 국가의 재정활동 내용을 파악하고, 합리적으로 의사결정을 할 수 있도록 유용한 정보를 제공하는 것을 목적으로 한다.

④ 재무제표는 국가가 공공회계책임을 적절히 이행하였는지를 평가하는 데 필요한 다음 각 호의 정보를 제공하여야 한다.

1. 국가의 재정상태 및 그 변동과 재정운영결과에 관한 정보

2. 국가사업의 목적을 능률적, 효과적으로 달성하였는 지에 관한 정보

3. 예산과 그 밖에 관련 법규의 준수에 관한 정보

제6조(재무제표의 작성원칙) ① 재무제표는 다음 각 호의 원칙에 따라 작성한다.

1. 재무제표는 해당 회계연도분과 직전 회계연도분을 비교하는 형식으로 작성한다.

2. 제1호에 따라 비교하는 형식으로 작성되는 두 회계연도의 재무제표는 계속성의 원칙에 따라 작성하며, 「국가회계법」에 따른 적용 범위, 회계정책 또는 이 규칙 등이 변경된 경우에는 그 내용을 주석으로 공시한다.

3. 재무제표의 과목은 해당 항목의 중요성에 따라 별도의 과목으로 표시하거나 다른 과목으로 통합하여 표시할 수 있다.

4. 재무제표를 통합하여 작성할 경우 내부거래는 상계하여 작성한다.

② 「국고금관리법 시행령」 제2장에 따른 출납정리기한 중에 발생하는 거래에 대한 회계처리는 해당 회계연도에 발생한 거래로 보아 다음 각 호와 같이 처리한다.

1. 「국고금관리법 시행령」 제5조제2항 각 호의 어느 하나에 해당하는 납입은 해당 회계연도 말일에 수입된 것으로 본다.

2. 「국고금관리법 시행령」 제6조제1항 각 호의 어느 하나에 해당하는 지출은 해당 회계연도 말일에 지출된 것으로 본다.

3. 「국고금관리법 시행령」 제7조 단서에 따라 관서운영경비출납공무원이 교부받은 관서운영경비를 해당 회계연도 말일 후에 반납하는 경우에는 해당 회계연도 말일에 반납된 것으로 본다.

제2장 재정상태표

제1절 총칙

제7조(재정상태표) ① 재정상태표는 재정상태표일 현재의 자산과 부채의 명세 및 상호관계 등 재정상태

를 나타내는 재무제표로서 자산, 부채 및 순자산으로 구성된다.
② 재정상태표는 별지 제1호서식과 같다.

제8조(재정상태표 작성기준) ① 삭제
② 자산, 부채 및 순자산은 총액으로 표시한다. 이 경우 자산 항목과 부채 또는 순자산 항목을 상계함으로써 그 전부 또는 일부를 재정상태표에서 제외해서는 아니 된다.

제2절 자산

제9조(자산의 정의와 구분) ① 자산은 과거의 거래나 사건의 결과로 현재 국가회계실체가 소유(실질적으로 소유하는 경우를 포함한다) 또는 통제하고 있는 자원으로서, 미래에 공공서비스를 제공할 수 있거나 직접 또는 간접적으로 경제적 효익을 창출하거나 창출에 기여할 것으로 기대되는 자원을 말한다.
② 자산은 금융자산, 유·무형자산 및 기타 자산으로 구분하여 재정상태표에 표시한다.

제10조(자산의 인식기준) ① 자산은 공용 또는 공공용으로 사용되는 등 공공서비스를 제공할 수 있거나 직접적 또는 간접적으로 경제적 효익을 창출하거나 창출에 기여할 가능성이 매우 높고 그 가액을 신뢰성 있게 측정할 수 있을 때에 인식한다.
② 현재 세대와 미래 세대를 위하여 정부가 영구히 보존하여야 할 자산으로서 역사적, 자연적, 문화적, 교육적 및 예술적으로 중요한 가치를 갖는 자산(이하 "유산자산"이라 한다)은 자산으로 인식하지 아니하고 그 종류와 현황 등을 주석으로 공시한다.
③ 국가안보와 관련된 자산은 기획재정부(재정경제부)장관과 협의하여 자산으로 인식하지 아니할 수 있다. 이 경우 해당 중앙관서의 장은 해당 자산의 종류, 취득시기 및 관리현황 등을 별도의 장부에 기록하여야 한다.

제11조(금융자산) 금융자산이란 현금 또는 현금을 수취하거나 유리한 조건으로 자산을 교환할 수 있는 계약상의 권리인 자산으로서, 현금 및 현금성자산, 금융상품, 투자증권, 정부출자금, 대여금, 미수채권, 기타 금융자산을 말한다.

제12조(유·무형자산) ① 유·무형자산은 일반유형자산, 사회기반시설 및 무형자산으로 구분한다.
② 일반유형자산이란 고유한 행정활동에 1년을 초과하여 사용할 목적으로 취득한 자산(제3항에 따른 사회기반시설은 제외한다)을 말한다.
③ 사회기반시설이란 국가의 기반을 형성하기 위해 대규모로 투자하여 건설하고 그 경제적 효과가 장기간에 걸쳐 나타나는 자산을 말한다.
④ 무형자산이란 물리적 실체는 없으나 일정 기간 독점적·배타적으로 이용할 수 있는 권리인 자산을 말한다.

제13조(기타 자산) 기타 자산이란 금융자산과 유·무형자산에 해당하지 않는 자산을 말한다.

제14조~제16조 삭제

제3절 부채

제17조(부채의 정의와 구분) ① 부채는 과거의 거래나 사건의 결과로 국가회계실체가 부담하는 의무로서, 그 이행을 위하여 미래에 자원의 유출 또는 사용이 예상되는 현재의 의무를 말한다.
② 부채는 차입부채, 충당부채 및 기타 부채로 구분하여 재정상태표에 표시한다.

제18조(부채의 인식기준) ① 부채는 국가회계실체가 부담하는 현재의 의무 중 향후 그 이행을 위하여 지출이 발생할 가능성이 매우 높고 그 금액을 신뢰성 있게 측정할 수 있을 때 인식한다.
② 국가안보와 관련된 부채는 기획재정부(재정경제부)장관과 협의하여 부채로 인식하지 아니할 수 있다. 이 경우 해당 중앙관서의 장은 해당 부채의 종류, 취득시기 및 관리현황 등을 별도의 장부에 기록하여야 한다.

제19조 삭제

제20조(차입부채) 차입부채는 금융자산을 지급하거나 불리한 조건으로 금융자산을 교환해야 하는 부채로서 국채, 차입금, 국고채무부담행위액 및 기타 차입부채를 말한다.

제21조(충당부채) 충당부채는 지출시기 또는 지출금액이 불확실한 부채로서 연금충당부채, 퇴직수당충당부채, 보증충당부채, 보험충당부채 및 기타 충당부채를 말한다.

제22조(기타 부채) 기타 부채는 차입부채와 충당부채에 해당하지 않는 부채를 말한다.

제4절 순자산

제23조(순자산의 정의와 구분) ① 순자산은 자산에서 부채를 뺀 금액을 말하며, 기본순자산, 적립금 및 잉여금, 순자산조정으로 구분한다.
② 기본순자산은 순자산에서 적립금 및 잉여금과 순자산조정을 뺀 금액으로 표시한다.
③ 적립금 및 잉여금은 임의적립금, 전기이월결손금·잉여금, 재정운영결과 등을 표시한다.
④ 순자산조정은 투자증권평가손익, 자산재평가이익, 보험수리적손익(제44조제2항의 보험수리적가정과 실제로 발생한 결과의 차이에 따른 연금충당부채의 감소 또는 증가액에 보험수리적가정의 변경에 따른 연금충당부채의 감소 또는 증가액을 더한 금액을 말한다. 이하 같다) 및 기타 순자산의 증감 등을 표시한다.

제3장 재정운영표

제1절 총칙

제24조(재정운영표) 재정운영표는 회계연도 동안 수행한 정책 또는 사업의 원가와 재정운영에 따른 원가의 회수명세 등을 포함한 재정운영결과를 나타내는 재무제표를 말한다.

제25조(중앙관서 또는 기금의 재정운영표) ① 중앙관서 또는 기금의 재정운영표는 별지 제2호서식의 프로그램별 재정운영표와 별지 제3호서식의 성질별 재정운영표로 구분하여 작성한다.

② 프로그램별 재정운영표는 다음 각 호에 따른 금액을 구분하여 표시한다.

1. 프로그램순원가: 다음 계산식에 따른 금액

> 프로그램순원가 = 프로그램총원가 - 프로그램수익
>
> - 프로그램총원가 = (프로그램을 수행하기 위해 투입한 원가 합계) + (다른 프로그램으로부터 배부받은 원가) - (다른 프로그램에 배부한 원가)
> - 프로그램수익: 프로그램의 수행과정에서 발생한 수익

2. 재정운영순원가: 다음 계산식에 따른 금액

> 재정운영순원가 = 프로그램순원가 + 관리운영비 + 비배분비용 - 비배분수익
>
> - 관리운영비: 프로그램의 운영에 직접적으로 소요되지는 않으나 국가회계실체의 기본적인 기능 수행 및 특정 프로그램의 행정운영과 관련된 인건비와 경비
> - 비배분비용: 국가회계실체에서 발생한 비용 중 프로그램에 대응되지 않는 비용
> - 비배분수익: 국가회계실체에서 발생한 수익 중 프로그램에 대응되지 않는 수익

3. 재정운영결과: 다음 계산식에 따른 금액

> 재정운영결과 = 재정운영순원가 - 비교환수익 등
>
> - 비교환수익 등: 제28조제2항제2호의 비교환수익과 그 밖에 재원 이전거래 금액. 다만, 「국고금 관리법 시행령」 제50조의2에 따라 통합 관리하는 일반회계 및 특별회계의 자금에서 발생하는 비교환수익 등은 순자산변동표의 재원의 조달 및 이전란에 표시한다.

③ 성질별 재정운영표는 다음 각 호와 같이 구분하여 표시한다.

1. 수익: 이전수익 및 국가운영수익으로 구분하여 표시
2. 비용: 이전비용 및 국가운영비용으로 구분하여 표시
3. 재정운영결과: 제2호의 비용에서 제1호의 수익을 뺀 금액을 표시

제26조(국가의 재정운영표) ① 중앙관서 또는 기금의 재정운영표를 통합하여 작성하는 국가의 재정운영표는 별지 제4호서식의 분야별 재정운영표와 별지 제5호서식의 성질별 재정운영표로 구분하여 작성한다.

② 분야별 재정운영표는 다음 각 호에 따른 금액을 구분하여 표시한다.

1. 사업순원가: 다음 계산식에 따른 금액

> 사업순원가 = 분야별 총원가 - 분야별 수익
>
> - 분야별 총원가 = (분야별 사업을 수행하기 위해 투입한 원가 합계) + (다른 분야로부터 배부받은 원가) - (다른 분야에 배부한 원가)
> - 분야별 수익: 분야별 사업의 수행과정에서 발생한 수익

2. 재정운영순원가: 다음 계산식에 따른 금액

> 재정운영순원가 = 사업순원가 + 관리운영비 + 비배분비용 - 비배분수익
>
> - 관리운영비: 각 중앙관서 또는 기금의 프로그램별 재정운영표의 관리운영비를 합산한 금액
> - 비배분비용: 각 중앙관서 또는 기금의 프로그램별 재정운영표의 비배분비용을 합산한 금액
> - 비배분수익: 각 중앙관서 또는 기금의 프로그램별 재정운영표의 비배분수익을 합산한 금액

3. 재정운영결과: 다음 계산식에 따른 금액

> 재정운영결과 = 재정운영순원가 - 비교환수익 등
>
> - 비교환수익 등: 제28조제2항제2호의 비교환수익과 그 밖에 재원 이전거래 금액

③ 성질별 재정운영표는 다음 각 호와 같이 구분하여 표시한다.

1. 수익: 국세수익, 이전수익 및 국가운영수익으로 구분하여 표시
2. 비용: 이전비용 및 국가운영비용으로 구분하여 표시
3. 재정운영결과: 제2호의 비용에서 제1호의 수익을 뺀 금액을 표시

제27조(재정운영표의 작성기준) 재정운영표의 모든 수익과 비용은 발생주의 원칙에 따라 거래나 사실이 발생한 기간에 표시한다.

제2절 수익과 비용

제28조(수익의 정의와 구분) ① 수익은 국가의 재정활동과 관련하여 재화 또는 용역을 제공한 대가로 발생하거나, 직접적인 반대급부 없이 법령에 따라 납부의무가 발생한 금품의 수납 또는 자발적인 기부금 수령 등에 따라 발생하는 순자산의 증가를 말한다.

② 수익은 그 원천에 따라 다음 각 호와 같이 구분한다.

1. 교환수익: 재화나 용역을 제공한 대가로 발생하는 수익
2. 비교환수익: 직접적인 반대급부 없이 발생하는 수익

③ 수익은 그 성질에 따라 다음 각 호와 같이 구분한다.

1. 국세수익: 국가가 조세를 징수하여 발생하는 수익

2. 이전수익: 직접적인 반대급부 없이 발생하는 수익 중 제1호의 국세수익을 제외한 수익

3. 국가운영수익: 국가의 재정활동과 관련하여 발생하는 수익 중 제1호의 국세수익과 제2호의 이전수익을 제외한 수익

제29조(수익의 인식기준) ① 교환수익은 수익창출 활동이 끝나고 그 금액을 합리적으로 측정할 수 있을 때에 인식한다.

② 비교환수익은 해당 수익에 대한 청구권이 발생하고 그 금액을 합리적으로 측정할 수 있을 때에 인식하며, 수익 유형에 따른 세부 인식기준은 다음 각 호와 같다.

1. 신고·납부하는 방식의 국세: 납세의무자가 세액을 자진신고하는 때에 수익으로 인식

2. 정부가 부과하는 방식의 국세: 국가가 고지하는 때에 수익으로 인식

3. 원천징수하는 국세: 원천징수의무자가 원천징수한 금액을 신고·납부하는 때에 수익으로 인식

4. 연부연납(세금 신고기한 경과 후 장기간 분할납부하는 것을 말한다) 또는 분납이 가능한 국세: 징수할 세금이 확정된 때에 그 납부할 세액 전체를 수익으로 인식

5. 부담금수익, 기부금수익, 무상이전수입, 제재금수익 등: 청구권 등이 확정된 때에 그 확정된 금액을 수익으로 인식. 다만, 제재금수익 중 벌금, 과료, 범칙금 또는 몰수품으로서 청구권이 확정된 때나 몰수품을 몰수한 때에 그 금액을 확정하기 어려운 경우에는 벌금, 과료 또는 범칙금이 납부되거나 몰수품이 처분된 때에 수익으로 인식할 수 있다.

6. 삭제

제30조(비용의 정의와 구분) ① 비용은 국가의 재정활동과 관련하여 재화 또는 용역을 제공하여 발생하거나, 직접적인 반대급부 없이 발생하는 자원 유출이나 사용 등에 따른 순자산의 감소를 말한다.

② 비용은 그 성질에 따라 다음 각 호와 같이 구분한다.

1. 이전비용: 직접적인 반대급부 없이 발생하는 비용

2. 국가운영비용: 국가의 재정활동과 관련하여 발생하는 비용 중 제1호의 이전비용을 제외한 비용

제30조의2(비용의 인식기준) 비용은 다음 각 호의 기준에 따라 인식한다.

1. 재화나 용역제공 등 국가재정활동 수행을 위해 자산이 감소하고 그 금액을 합리적으로 측정할 수 있을 때 또는 법령 등에 따라 지출에 대한 의무가 존재하고 그 금액을 합리적으로 측정할 수 있을 때에 비용으로 인식

2. 과거에 자산으로 인식한 자산의 미래 경제적 효익이 감소 또는 소멸하거나 자원의 지출 없이 부채가 발생 또는 증가한 것이 명백한 때에 비용으로 인식

제31조(원가계산) ① 원가는 중앙관서의 장 또는 기금관리주체가 프로그램의 목표를 달성하고 성과를 창출하기 위하여 직접적·간접적으로 투입한 경제적 자원의 가치를 말한다.

② 원가 집계 대상과 배부기준 등 원가계산에 관한 세부적인 사항은 기획재정부(재정경제부)장관이 정하는 바에 따른다.

제32조(자산의 평가기준) ① 재정상태표에 표시하는 자산의 가액은 해당 자산의 취득원가를 기초로 하여 계상(計上)한다. 다만, 무주부동산의 취득, 국가 외의 상대방과의 교환 또는 기부채납 등의 방법으로 자산을 취득한 경우에는 취득 당시의 공정가액을 취득원가로 한다.

② 국가회계실체 사이에 발생하는 관리전환은 무상거래일 경우에는 자산의 장부가액을 취득원가로 하고, 유상거래일 경우에는 자산의 공정가액을 취득원가로 한다.

③ 재정상태표에 표시하는 자산은 이 규칙에서 따로 정한 경우를 제외하고는 자산의 물리적인 손상 또는 시장가치의 급격한 하락 등으로 해당 자산의 회수가능가액이 장부가액에 미달하고 그 미달액이 중요한 경우에는 장부가액에서 직접 빼서 회수가능가액으로 조정하고, 장부가액과 회수가능가액의 차액을 그 자산에 대한 감액손실의 과목으로 재정운영결과에 반영하며 감액명세를 주석으로 표시한다. 다만, 감액한 자산의 회수가능가액이 차기 이후에 해당 자산이 감액되지 아니하였을 경우의 장부가액 이상으로 회복되는 경우에는 그 장부가액을 한도로 하여 그 자산에 대한 감액손실환입 과목으로 재정운영결과에 반영한다.

④ 「군수품관리법」에 따라 관리되는 전비품 등의 평가기준은 국방부장관이 따로 정하는 바에 따를 수 있다.

제33조(투자증권의 평가) ① 투자증권은 매입가액에 부대비용을 더하고 종목별로 총평균법 등을 적용하여 산정한 가액을 취득원가로 한다.

② 삭제

③ 채무증권은 상각후취득원가로 평가하고, 지분증권은 취득원가로 평가한다. 다만, 재정상태표일 현재 신뢰성 있게 공정가액을 측정할 수 있으면 그 공정가액으로 평가하며, 장부가액과 공정가액의 차이금액은 순자산조정에 반영한다.

④ 삭제

제33조의2(정부출자금의 평가) 정부출자금은 출자액 또는 매입가액에 부대비용을 더하고 품목별로 총평균법 등을 적용하여 산정한 가액을 취득원가로 한다.

제34조(대여금 및 미수채권의 평가) ① 대여금 및 미수채권은 신뢰성 있고 객관적인 기준에 따라 산출한 대손추산액을 대손충당금으로 설정하여 평가한다.

② 제1항에도 불구하고 융자사업에서 발생한 대여금의 경우에는 융자금 원금과 추정 회수가능액의 현재가치와의 차액을 융자보조원가충당금으로 설정하여 평가한다.

제35조(재고자산의 평가) ① 재고자산은 판매 또는 용역제공을 위하여 보유하거나 생산과정에 있는 자산, 생산과정 또는 용역제공과정에 투입될 원재료나 소모품 형태로 존재하는 자산을 말한다.

② 재고자산은 제조원가 또는 매입가액에 부대비용을 더한 금액을 취득원가로 하고 품목별로 선입선출법(先入先出法)을 적용하여 평가한다. 다만, 실물흐름과 원가산정 방법 등에 비추어 다른 방법을 적용하는 것이 보다 합리적이라고 인정되는 경우에는 개별법, 이동평균법 등을 적용하고 그 내용을 주석으로 표시한다.

③ 제2항에 따라 선택된 재고자산의 평가 방법은 정당한 사유 없이 변경할 수 없으며, 평가 방법의 정당한 변경 사유가 발생한 경우에는 제51조에 따라 회계처리한다.

④ 재고자산의 시가(時價)가 취득원가보다 낮은 경우에는 시가를 재정상태표 가액으로 한다. 이 경우 원재료 외의 재고자산의 시가는 순실현가능가액을 말하며, 생산과정에 투입될 원재료의 시가는 현재 시점에서 매입하거나 재생산하는 데 드는 현행대체원가를 말한다.

제36조(압수품 및 몰수품의 평가) 압수품 및 몰수품은 다음 각 호의 구분에 따라 평가한다.

1. 화폐성자산: 압류 또는 몰수 당시의 시장가격으로 평가

2. 비화폐성자산: 압류 또는 몰수 당시의 감정가액 또는 공정가액 등으로 평가. 이 경우 그 평가된 가액을 주석으로 표시한다.

제37조(일반유형자산의 평가) ① 일반유형자산은 해당 자산의 건설원가 또는 매입가액에 부대비용을 더한 금액을 취득원가로 하고, 객관적이고 합리적인 방법으로 추정한 기간에 정액법(定額法) 등을 적용하여 감가상각한다.

② 일반유형자산에 대한 사용수익권은 해당 자산의 차감항목에 표시한다.

제38조(사회기반시설의 평가) ① 사회기반시설의 평가에 관하여는 제37조를 준용한다. 이 경우 감가상각은 건물, 구축물 등 세부 구성요소별로 감가상각한다.

② 제1항에도 불구하고 사회기반시설 중 관리·유지 노력에 따라 취득 당시의 용역 잠재력을 그대로 유지할 수 있는 시설에 대해서는 감가상각하지 아니하고 관리·유지에 투입되는 비용으로 감가상각비용을 대체할 수 있다. 다만, 효율적인 사회기반시설 관리시스템으로 사회기반시설의 용역 잠재력이 취득 당시와 같은 수준으로 유지된다는 것이 객관적으로 증명되는 경우로 한정한다.

③ 사회기반시설에 대한 사용수익권은 해당 자산의 차감항목에 표시한다.

제38조의2(일반유형자산 및 사회기반시설의 재평가 기준) ① 제32조에도 불구하고 일반유형자산과 사회기반시설을 취득한 후 재평가할 때에는 공정가액으로 계상하여야 한다. 다만, 해당 자산의 공정가액에 대한 합리적인 증거가 없는 경우 등에는 재평가일 기준으로 재생산 또는 재취득하는 경우에 필요한 가격에서 경과연수에 따른 감가상각누계액 및 감액손실누계액을 뺀 가액으로 재평가하여 계상할 수 있다.

② 제1항에 따른 재평가의 최초 평가연도, 평가방법 및 요건 등 세부회계처리에 관하여는 기획재정부(재정경제부)장관이 정한다.

제39조(무형자산의 평가) ① 무형자산은 해당 자산의 개발원가 또는 매입가액에 부대비용을 더한 금액을 취득원가로 하여 평가한다.

② 무형자산은 정액법에 따라 해당 자산을 사용할 수 있는 시점부터 합리적인 기간 동안 상각한다. 이 경우 상각기간은 독점적·배타적인 권리를 부여하고 있는 관계 법령이나 계약에서 정한 경우를 제외하고는 20년을 초과할 수 없다.

제40조(유·무형자산의 취득 후 지출) 유·무형자산의 내용연수를 연장시키거나 가치를 실질적으로 증

가시키는 지출은 자산의 증가로 회계처리하고, 원상회복시키거나 능률유지를 위한 지출은 비용으로 회계처리한다.

제41조(부채의 평가기준) 재정상태표에 표시하는 부채의 가액은 이 규칙에서 따로 정한 경우를 제외하고는 원칙적으로 만기상환가액으로 평가한다.

제42조(국채 및 공채의 평가) ① 국채 및 공채(이하 "국채등"이라 한다)는 국채등 발행수수료 및 발행과 관련하여 직접 발생한 비용을 뺀 발행가액으로 평가한다.
② 국채등의 액면가액과 발행가액의 차이는 할인(할증)발행차금 과목으로 액면가액에 빼거나 더하는 형식으로 표시하며, 그 할인(할증)발행차금은 발행한 때부터 최종 상환할 때까지의 기간에 유효이자율로 상각 또는 환입하여 국채등에 대한 이자비용에 더하거나 뺀다.

제43조(퇴직급여충당부채의 평가) ① 기타 충당부채 중 퇴직급여충당부채는 재정상태표일 현재「공무원연금법」및「군인연금법」을 적용받지 아니하는 퇴직금 지급대상자가 일시에 퇴직할 경우 지급하여야 할 퇴직금으로 평가한다.
② 퇴직금산정명세, 퇴직금추계액, 회계연도 중 실제로 지급한 퇴직금 등은 주석으로 표시한다.

제44조(연금충당부채 및 퇴직수당충당부채의 평가) ① 연금충당부채는 연금추정지급액 중 재정상태표일 현재의 재직기간까지 귀속되는 금액을 현재가치로 산정하여 평가한다.
② 제1항의 연금추정지급액이란 재정상태표일 현재의 연금가입자에게 근무에 대한 대가로서 장래 예상 퇴직시점에 지급하여야 할 금액으로서 보험수리적가정(예상퇴직시점의 장래 추정보수, 전체 추정근무기간 등 연금충당부채와 연금비용을 측정하는 데 필요한 재무적·인구통계적 가정을 말한다)을 반영하여 산정한 것을 말한다.
③ 퇴직수당충당부채의 평가에 관하여는 제1항 및 제2항을 준용한다. 이 경우 "연금충당부채"는 "퇴직수당충당부채"로, "연금추정지급액"은 "퇴직수당추정지급액"으로, "연금비용"은 "퇴직수당비용"으로 본다.
④ 제1항부터 제3항까지에서 규정한 사항 외에 연금충당부채 및 퇴직수당충당부채의 회계처리에 관한 세부 사항은 기획재정부(재정경제부)장관이 정하는 바에 따른다.

제45조(보증충당부채의 평가) ① 보증충당부채는 보증약정 등에 따른 피보증인인 주채무자의 채무불이행에 따라 국가회계실체가 부담하게 될 추정 순현금유출액의 현재가치로 평가한다.
② 제1항에서 규정한 사항 외에 보증충당부채의 회계처리에 관한 세부 사항은 기획재정부(재정경제부)장관이 정하는 바에 따른다.

제45조의2(보험충당부채의 평가) ① 보험충당부채는 재정상태표일 이전에 보험사고가 발생하였으나 미지급된 보험금 지급예상액과 재정상태표일 현재 보험사고가 발생하지는 않았으나 장래 발생할 보험사고를 대비하여 적립하는 지급예상액을 합산한 금액으로 평가한다.
② 제1항에서 규정한 사항 외에 보험충당부채의 회계처리에 관한 세부 사항은 기획재정부(재정경제부)장관이 정하는 바에 따른다.

제46조(채권·채무의 현재가치에 따른 평가) ① 장기연불조건의 거래, 장기금전대차거래 또는 이와 유사한 거래에서 발생하는 채권·채무로서 명목가액과 현재가치의 차이가 중요한 경우에는 현재가치로 평가한다.

② 제1항에 따른 현재가치 가액은 해당 채권·채무로 미래에 받거나 지급할 총금액을 해당 거래의 유효이자율(유효이자율을 확인하기 어려운 경우에는 유사한 조건의 국채 유통수익률을 말한다)로 할인한 가액으로 한다.

③ 제1항에 따라 발생하는 채권·채무의 명목가액과 현재가치 가액의 차액인 현재가치할인차금은 유효이자율로 매 회계연도에 환입하거나 상각하여 재정운영결과에 반영한다.

제47조(외화자산 및 외화부채의 평가) ① 화폐성 외화자산과 화폐성 외화부채는 재정상태표일 현재의 적절한 환율로 평가한다.

② 비화폐성 외화자산과 비화폐성 외화부채는 다음 각 호의 구분에 따라 평가한다.

1. 역사적원가로 측정하는 경우: 해당 자산을 취득하거나 해당 부채를 부담한 당시의 적절한 환율로 평가

2. 공정가액으로 측정하는 경우: 공정가액이 측정된 날의 적절한 환율로 평가

③ 제1항에 따라 발생하는 환율변동효과는 외화평가손실 또는 외화평가이익의 과목으로 하여 재정운영결과에 반영한다.

④ 비화폐성 외화자산과 비화폐성 외화부채에서 발생한 손익을 순자산조정에 반영하는 경우에는 그 손익에 포함된 환율변동효과도 함께 반영하고, 재정운영결과에 반영하는 경우에는 그 손익에 포함된 환율변동효과도 해당 재정운영결과에 반영한다.

⑤ 화폐성 외화자산과 화폐성 외화부채는 화폐가치의 변동과 상관없이 자산과 부채의 금액이 계약 등에 의하여 일정 화폐액으로 확정되었거나 결정가능한 경우의 자산과 부채를 말한다. 다만, 화폐성과 비화폐성의 성질을 모두 가지고 있는 외화자산과 외화부채는 해당 자산과 부채의 보유 목적이나 성질에 따라 구분한다.

⑥ 중요한 외화자산과 외화부채의 내용, 평가기준 및 평가손익의 내용은 주석으로 표시한다.

제48조(리스에 따른 자산과 부채의 평가) ① 리스는 일정 기간 설비 등 특정 자산의 사용권을 리스회사로부터 이전받고, 그 대가로 사용료를 지급하는 계약을 말하며, 다음 각 호와 같이 구분한다.

1. 금융리스: 리스자산의 소유에 따른 위험과 효익이 실질적으로 리스이용자에게 이전되는 리스

2. 운용리스: 제1호 외의 리스

② 금융리스는 리스료를 내재이자율로 할인한 가액과 리스자산의 공정가액 중 낮은 금액을 리스자산과 리스부채로 각각 계상하여 감가상각하고, 운용리스는 리스료를 해당 회계연도의 비용으로 회계처리한다.

제49조(파생상품의 평가) ① 파생상품은 해당 계약에 따라 발생한 권리와 의무를 각각 자산 및 부채로 계상하여야 하며, 공정가액으로 평가한 금액을 재정상태표 가액으로 한다.

② 파생상품에서 발생한 평가손익은 발생한 시점에 재정운영결과에 반영한다. 다만, 미래예상거래의 현금흐름변동위험을 회피하는 계약에서 발생하는 평가손익은 순자산조정에 반영한다.

③ 파생상품 거래는 그 거래 목적 및 거래명세 등을 주석으로 표시한다. 이 경우 위험회피 목적의 파생상품 거래인 경우에는 위험회피 대상항목, 위험회피 대상범위, 위험회피 활동을 반영하기 위한 회계처리방법, 이연(移延)된 손익금액 등을 표시한다.

제50조(충당부채, 우발부채 및 우발자산) ① 충당부채는 지출시기 또는 지출금액이 불확실한 부채를 말하며, 현재의무의 이행에 소요되는 지출에 대한 최선의 추정치를 재정상태표 가액으로 한다. 이 경우 추정치 산정 시에는 관련된 사건과 상황에 대한 위험과 불확실성을 고려하여야 한다.

② 우발부채는 다음 각 호에 해당하는 의무를 말하며, 의무를 이행하기 위하여 경제적 효익이 있는 자원이 유출될 가능성이 희박하지 않는 한 주석에 공시한다.

1. 과거의 거래나 사건으로 발생하였으나, 국가회계실체가 전적으로 통제할 수 없는 하나 이상의 불확실한 미래 사건의 발생 여부로만 그 존재 유무를 확인할 수 있는 잠재적 의무

2. 과거의 거래나 사건으로 발생하였으나, 해당의무를 이행하기 위하여 경제적 효익이 있는 자원을 유출할 가능성이 매우 높지 않거나, 그 금액을 신뢰성 있게 측정할 수 없는 경우에 해당하여 인식하지 아니하는 현재의 의무

③ 우발자산은 과거의 거래나 사건으로 발생하였으나 국가회계실체가 전적으로 통제할 수 없는 하나 이상의 불확실한 미래 사건의 발생 여부로만 그 존재 유무를 확인할 수 있는 잠재적 자산을 말하며, 경제적 효익의 유입 가능성이 매우 높은 경우 주석에 공시한다.

제51조(회계 변경과 오류 수정) ① 회계정책 및 회계추정의 변경은 그 변경으로 재무제표를 보다 적절히 표시할 수 있는 경우 또는 법령 등에서 새로운 회계기준을 채택하거나 기존의 회계기준을 폐지함에 따라 변경이 불가피한 경우에 할 수 있으며, 그 유형에 따라 다음 각 호와 같이 처리한다.

1. 회계정책의 변경에 따른 영향은 비교표시되는 직전 회계연도의 순자산 기초금액 및 기타 대응금액을 새로운 회계정책이 처음부터 적용된 것처럼 조정한다. 다만, 회계정책의 변경에 따른 누적효과를 합리적으로 추정하기 어려운 경우에는 회계정책의 변경에 따른 영향을 해당 회계연도와 그 회계연도 후의 기간에 반영할 수 있다.

2. 회계추정의 변경에 따른 영향은 해당 회계연도 이후의 기간에 미치는 것으로 한다.

3. 회계정책을 변경한 경우에는 그 변경내용, 변경사유 및 변경에 따라 해당 회계연도의 재무제표에 미치는 영향을 주석으로 표시한다. 다만, 회계정책의 변경에 따른 누적효과를 합리적으로 추정하기 어려운 경우에는 다음 각 목에 관한 내용을 주석으로 표시한다.

가. 누적효과를 합리적으로 추정하기 어려운 사유

나. 회계정책 변경의 적용방법

다. 회계정책 변경의 적용시기

4. 회계추정을 변경한 경우에는 그 변경내용, 변경사유 및 변경에 따라 해당 회계연도의 재무제표에 미치는 영향을 주석으로 표시한다.

② 오류수정사항이란 회계기준 또는 법령 등에서 정한 기준에 합당하지 아니한 경우로서 전 회계연도 또는 그 전 기간에 발생한 다음 각 호의 오류는 다음 각 호의 구분에 따라 처리한다.

1. 중대한 오류: 오류가 발생한 회계연도 재정상태표의 순자산에 반영하고, 관련된 계정잔액을 수정한다. 이 경우 비교재무제표를 작성할 때에는 중대한 오류의 영향을 받는 회계기간의 재무제표 항목을 다시 작성한다.

2. 제1호 외의 오류: 해당 회계연도의 재정운영표에 반영한다.

③ 전 회계연도 이전에 발생한 오류수정사항은 주석으로 표시하되, 제2항제1호에 따른 중대한 오류를 수정한 경우에는 다음 각 호의 사항을 주석으로 포함한다.

1. 중대한 오류로 판단한 근거

2. 비교재무제표에 표시된 과거회계기간에 대한 수정금액

3. 비교재무제표가 다시 작성되었다는 사실

제5장 순자산변동표

제52조(순자산변동표) ① 순자산변동표는 회계연도 동안 순자산의 변동명세를 표시하는 재무제표를 말한다.

② 중앙관서 또는 기금의 순자산변동표는 기초순자산, 재정운영결과, 재원의 조달 및 이전, 조정항목, 기말순자산으로 구분하여 표시한다.

③ 중앙관서 또는 기금의 순자산변동표는 별지 제6호서식과 같다.

④ 중앙관서 또는 기금의 순자산변동표를 통합하여 작성하는 국가의 순자산변동표는 기초순자산, 재정운영결과, 조정항목, 기말순자산으로 구분하여 표시한다.

⑤ 국가의 순자산변동표는 별지 제7호서식과 같다.

제53조(조정항목) 조정항목은 투자증권평가손익, 자산재평가이익, 보험수리적손익 및 기타 순자산의 증감 등을 표시한다.

제5장의2 현금흐름표

제53조의2(현금흐름표) ① 현금흐름표는 회계연도 동안의 현금의 유입 및 유출내역을 나타내는 재무제표를 말한다.

② 현금흐름표는 별지 제8호서식과 같다.

제53조의3(현금흐름표의 작성기준) ① 현금흐름표는 회계연도 중의 다음 각 호의 구분에 따른 활동으로 인한 현금흐름에 회계연도 초의 현금을 더하여 회계연도 말의 현금을 산출하는 형식으로 표시한다.

1. 운영활동: 국가의 재정활동 중 제2호의 투자활동과 제3호의 재무활동에 속하지 않는 활동

2. 투자활동: 자금의 융자와 회수, 투자증권과 유·무형자산의 취득 및 처분 등의 활동

3. 재무활동: 자금의 차입과 상환, 국채의 발행과 상환 등 부채와 순자산에 영향을 미치는 활동

② 제1항제1호에 따른 운영활동의 경우에는 현금의 유입은 원천별로, 현금의 유출은 용도별로 각각 분류하는 직접법으로 작성하는 것을 원칙으로 한다.

제6장 주석

제54조 삭제

제55조(주석) ① 주석은 정보이용자에게 충분한 회계정보를 제공하기 위하여 채택한 중요한 회계정책과 재무제표에 중대한 영향을 미치는 사항을 설명한 것을 말한다.

② 주석에는 다음 각 호의 사항을 표시한다.

1. 재무제표 작성기준 및 중요한 회계처리방법
2. 이 규칙에서 주석 공시를 요구하는 사항
3. 재정상태표, 재정운영표, 순자산변동표 및 현금흐름표에 표시되지 않은 사항으로서 재무제표를 이해하는 데 필요한 추가 정보
③ 주석의 작성기준과 서식은 기획재정부(재정경제부)장관이 정한다.

제56조 삭제

제7장 보칙

제57조(국유재산관리운용보고서 등의 작성) 「국유재산법」 제69조에 따른 국유재산관리운용보고서, 「물품관리법」 제21조에 따른 물품관리운용보고서 및 「국가채권관리법」 제36조에 따른 채권현재액보고서 작성을 위한 세부회계처리지침은 기획재정부(재정경제부)장관이 정한다.

제58조(세부회계처리기준) ① 중앙관서의 장과 기금관리주체는 기획재정부(재정경제부)장관과 협의하여 이 규칙의 시행에 필요한 세부회계처리기준을 정할 수 있다. 이 경우 세부회계처리기준은 이 규칙의 범위에서 작성되어야 한다.
② 중앙관서의 장과 기금관리주체는 해당 국가회계실체의 특성 등을 고려하여 불가피하다고 인정되는 경우에는 기획재정부(재정경제부)장관의 승인을 받아 이 규칙과 다른 내용의 세부회계처리기준을 정할 수 있다.

[시행 2026. 1. 2.] [법률 제21065호, 2025. 10. 1., 타법개정]

제1장 총칙

제1조(목적) 이 법은 지방자치단체의 회계 및 자금관리에 관한 기본적인 사항을 정하여 지방자치단체의 회계를 투명하게 처리하고, 자금을 효율적으로 관리하도록 하는 것을 목적으로 한다.

제2조(정의) 이 법에서 "중앙관서의 장"이란 다음 각 호의 어느 하나에 해당하는 사람을 말한다.
1. 「헌법」이나 「정부조직법」, 그 밖의 법률에 따라 설치된 중앙행정기관의 장
2. 국회사무총장, 법원행정처장, 헌법재판소사무처장 및 중앙선거관리위원회사무총장

제3조(적용범위) 이 법은 다음 각 호의 회계 및 기금에 대하여 적용한다.
1. 「지방자치법」 제141조 및 「지방재정법」 제9조에 따른 일반회계 및 특별회계
2. 「지방자치단체 기금관리기본법」 제2조에 따른 기금

제4조(다른 법률과의 관계) 지방자치단체의 일반회계·특별회계, 기금의 회계 및 결산에 관하여는 다른 법률에 특별한 규정이 있는 경우를 제외하고는 이 법에서 정하는 바에 따른다.

제5조(지방자치단체 회계의 원칙) 지방자치단체의 회계는 다음 각 호의 원칙에 따라 처리되어야 한다.
1. 지방자치단체의 회계는 신뢰할 수 있도록 객관적인 자료와 증명서류에 의하여 공정하게 처리되어야 한다.
2. 지방자치단체의 회계는 재정활동의 내용과 그 성과를 쉽게 파악할 수 있도록 충분한 정보를 제공하고, 간단·명료하게 처리되어야 한다.

제6조(회계연도) ① 지방자치단체의 회계연도는 매년 1월 1일에 시작하여 12월 31일에 끝난다.
② 세입(歲入)과 세출(歲出)의 회계연도 소속 구분은 대통령령으로 정한다.

제7조(출납 폐쇄기한 및 출납사무 완결기한) ① 지방자치단체의 출납은 회계연도가 끝나는 날 폐쇄한다. 다만, 해당 회계연도의 예산에 포함된 경우로서 다음 각 호의 어느 하나에 해당하는 경우에는 다음 회계연도 1월 20일까지 수입 또는 지출 처리를 할 수 있다.
1. 회계연도 말에 계약 이행이 완료되어 회계연도 내에 지출하기가 곤란한 경우
2. 국가나 다른 지방자치단체 등으로부터 자금이 교부되지 아니하여 회계연도 내에 지출하기가 곤란한 경우
3. 그 밖에 해당 회계연도 내에 지출 또는 수입 처리하기가 곤란한 경우로서 대통령령으로 정하는 경우
② 제44조에 따른 출납원이 제1항 각 호 외의 부분 단서에 따라 다음 회계연도 1월 20일까지 수납한 세

입금은 같은 기한까지 지방자치단체 금고에 납입할 수 있으며, 관서 운영에 드는 경비 또는 일상경비(이하 "일상경비등"이라 한다)는 다음 회계연도 1월 20일까지 반납할 수 있다.

③ 해당 회계연도에 속하는 세입·세출의 출납에 관한 사무는 다음 회계연도 2월 10일까지 마쳐야 한다.

제8조(지방자치단체의 회계에 관한 사무의 관장 등) ① 지방자치단체의 장은 해당 지방자치단체의 회계에 관한 사무를 총괄·관리한다.

② 행정안전부장관은 지방자치단체의 회계에 관한 사무가 국가회계와 연계되어 효율적이고 통일적으로 처리될 수 있도록 관련 제도의 발전 방안, 과학적인 관리 기법 등을 연구·개발하여 시행하여야 한다.

③ 중앙관서의 장은 지방자치단체의 회계 사무에 관한 법령을 제정·개정 또는 폐지하려는 경우에는 행정안전부장관 및 감사원과 미리 협의하여야 한다. 이 경우 행정안전부장관은 지방자치단체의 장의 의견을 들어야 한다.

제9조(교육·과학 및 체육 등에 관한 사항의 적용) 이 법에서 교육·과학 및 체육에 관한 분야 또는 교육비 특별회계의 회계 및 자금관리에 관하여는 "지방자치단체의 장"이나 "시·도지사"는 "교육감"으로, "행정안전부장관"은 "교육부장관"으로, "행정안전부"는 "교육부"로, "지방재정"은 "지방교육재정"으로, "행정안전부령"은 "교육부령"으로 각각 본다.

제10조(회계책임관의 임명 등) ① 지방자치단체의 장은 그 소관에 속하는 회계업무를 총괄적으로 수행하도록 하기 위하여 회계책임관을 임명하여야 한다.

② 회계책임관은 다음 각 호의 업무를 수행한다.

1. 제46조에 따른 회계관계공무원에 대한 지도·감독

2. 제51조에 따른 내부통제 등 회계업무에 관한 사항

3. 회계·결산 및 분석에 관한 사항

4. 그 밖에 회계업무의 수행에 관하여 대통령령으로 정하는 사항

③ 지방자치단체의 장은 소속 기관에 설치된 직위를 지정함으로써 회계책임관의 임명을 갈음할 수 있다.

제11조(지방회계제도 등에 관한 자문) 행정안전부장관은 다음 각 호의 사항에 대한 자문을 위하여 「행정기관 소속 위원회의 설치·운영에 관한 법률」 제7조의2에 따른 정책자문위원회에 그 심의를 요청하여야 한다.

1. 지방회계 관련 법령의 제정·개정·폐지

2. 지방회계 관련 주요정책의 수립·시행

제2장 회계처리의 기준 등

제12조(지방회계기준) ① 지방재정활동에 따라 발생하는 경제적 거래 등을 발생사실에 따라 복식부기 방식으로 회계처리하는 데에 필요한 기준(이하 "지방회계기준"이라 한다)은 행정안전부장관이 재정경제부장관과 협의하여 행정안전부령으로 정한다.

② 지방회계기준은 지방자치단체의 회계업무가 적정하게 처리되도록 하고, 지방자치단체의 재정상태 및 재정운용의 내용을 객관적이고 통일적이며 명백하게 나타낼 수 있도록 정하여야 한다.

제13조(지방회계 등에 대한 전문기관의 지정 등) ① 행정안전부장관은 지방회계에 관한 업무 중 대통령령으로 정하는 업무를 효율적으로 추진하기 위하여 대통령령으로 정하는 지정기준에 적합한 기관을 전문기관으로 지정하여 그 업무를 수행하게 할 수 있다.

② 행정안전부장관 및 지방자치단체는 제1항에 따라 지정된 전문기관의 업무 수행에 드는 비용을 지원할 수 있다.

③ 행정안전부장관은 제1항에 따라 지정을 받은 전문기관이 다음 각 호의 어느 하나에 해당하는 경우에는 그 지정을 취소하거나 6개월 이내의 기간을 정하여 업무정지를 명할 수 있다. 다만, 제1호에 해당하는 경우에는 지정을 취소하여야 한다.

1. 거짓이나 그 밖의 부정한 방법으로 지정을 받은 경우

2. 제1항에 따른 지정기준에 맞지 아니하게 된 경우

3. 이 법이나 다른 법령을 위반하여 전문기관으로서의 업무를 수행하는 것이 적당하지 아니하다고 인정되는 경우

④ 행정안전부장관은 제3항에 따라 지정을 취소하거나 업무정지를 명하려면 청문을 하여야 한다.

⑤ 제3항에 따른 지정 취소 또는 업무정지 등에 필요한 사항은 대통령령으로 정한다.

제3장 결산

제14조(결산의 수행) ① 지방자치단체의 장은 회계연도마다 일반회계·특별회계 및 기금을 통합한 결산서를 작성하여 「지방자치법」 제150조제1항에 따라 지방의회가 선임한 검사위원에게 검사를 의뢰하여야 한다.

② 검사위원은 지방자치단체의 장, 지방의회, 그 밖의 이해관계인으로부터 독립하여 공정하게 업무를 수행하여야 한다.

③ 지방의회는 검사위원의 실명을 공개하여야 한다.

④ 지방자치단체의 장은 결산의 결과를 다음 연도 예산 편성에 반영하도록 노력하여야 한다.

⑤ 지방자치단체의 장은 지방의회에 결산 승인을 요청한 날부터 5일 이내에 결산서를 행정안전부장관에게 제출하여야 한다.

⑥ 제1항부터 제5항까지에서 규정한 사항 외에 결산업무의 기준·절차·방법 등에 필요한 사항은 대통령령으로 정한다.

제15조(결산서의 구성) 결산서는 다음 각 호의 서류로 구성된다.

1. 결산 개요

2. 세입·세출 결산

3. 재무제표(주석을 포함한다. 이하 같다)

가. 재정상태표

나. 재정운영표

다. 순자산 변동표

4. 성과보고서

제16조(결산서의 작성 등) ① 제15조제1호에 따른 결산 개요는 같은 조 제2호부터 제4호까지의 규정에 따른 내용을 요약하고 주민이 쉽게 이해할 수 있도록 작성하여야 한다.

② 제15조제2호에 따른 세입·세출 결산은 세입·세출 예산 또는 기금운용계획과 같은 구분에 따라 그 집행 결과를 종합하여 작성하여야 한다.

③ 제15조제3호에 따른 재무제표는 지방회계기준에 따라 작성하여야 하고, 「공인회계사법」에 따른 공인회계사의 검토의견을 첨부하여야 한다.

④ 제15조제4호에 따른 성과보고서는 「지방재정법」 제5조제2항에 따른 성과계획서에서 정한 성과목표와 실적을 대비하여 작성하고, 사업원가와 성과를 연계할 수 있도록 하여야 한다.

⑤ 제1항에 따른 결산 개요 및 제2항에 따른 세입·세출 결산의 작성방법 등에 필요한 사항은 대통령령으로 정한다.

제17조(결산서의 첨부서류) ① 제15조에 따른 결산서에는 다음 각 호의 서류가 첨부되어야 한다.

1. 계속비 결산 명세서
2. 수입대체경비 사용 명세서
3. 이월 명세서 및 명시이월비 집행 명세서
4. 성인지 결산서
5. 「지방세특례제한법」 제5조에 따른 지방세지출보고서(실적 기준)
6. 국고보조금 또는 시·도보조금의 반납명세서
7. 「지방재정법」 제59조에 따른 지역통합재정통계 보고서(결산액 기준)
8. 지방채 발행 보고서
9. 지방공기업에 대한 출자·출연 보고서
10. 지방자치단체 출자·출연기관에 대한 출자·출연 보고서
11. 공유재산 및 물품 관련 보고서
12. 그 밖에 대통령령으로 정하는 서류

② 제15조제3호에 따른 재무제표에는 다음 각 호의 서류가 첨부되어야 한다.

1. 성질별 재정운영 보고서
2. 유형자산 명세서
3. 감가상각 명세서
4. 그 밖에 대통령령으로 정하는 서류

제18조(성인지 결산서의 작성·제출) ① 지방자치단체의 장은 여성과 남성이 동등하게 예산의 혜택을 받고 예산이 성차별을 개선하는 방향으로 집행되었는지를 평가하는 보고서(이하 "성인지 결산서"라 한다)를 작성하여야 한다.

② 제15조에 따른 결산서에는 성인지 결산서가 첨부되어야 한다.

③ 제1항 및 제2항에서 규정한 사항 외에 성인지 결산서 작성에 필요한 사항은 대통령령으로 정한다.

제19조(결산상 잉여금의 처리) 지방자치단체는 회계연도마다 세입·세출 결산상 잉여금(剩餘金)이 있을 때에는 다음 각 호의 어느 하나에 해당하는 금액을 뺀 잉여금을 그 잉여금이 생긴 회계연도의 다음 회계연도까지 세출예산에 관계없이 지방채의 원리금 상환에 사용할 수 있다.

1. 다른 법률에 따라 용도가 정하여진 금액

2. 「지방재정법」 제50조에 따른 이월금

[이하 생략]

[시행 2021. 9. 7.] [행정안전부령 제274호, 2021. 9. 7., 타법개정]

제1장 총칙

제1조(목적) 이 규칙은 지방자치단체의 회계처리 및 재무제표 보고의 통일성과 객관성을 확보함으로써 정보이용자에게 유용한 정보를 제공하고, 지방자치단체의 재정 투명성과 공공 책임성을 제고함을 목적으로 한다.

제2조(적용대상) ①이 규칙은 지방자치단체가 수행하는 모든 일반적인 거래의 회계처리와 재무제표 보고(이하 "재무보고"라 한다)에 대하여 적용한다.

② 실무회계처리에 관한 구체적인 사항은 행정안전부장관이 정한다.

③ 이 규칙으로 정하는 것과 제2항에 따라 행정안전부장관이 정한 것 외의 사항에 대해서는 일반적으로 인정되는 회계원칙과 일반적으로 공정하며 타당하다고 인정되는 회계관습에 따른다.

제3조(정의) 이 규칙에서 사용하는 용어의 정의는 다음과 같다.

1. "경제적 자원"이라 함은 지방자치단체의 행정활동에 직접 또는 간접적으로 투입하여 사용하거나 소비할 수 있는 경제적 가치를 지닌 모든 자원을 말한다.

2. "공정가액"이라 함은 합리적인 판단력과 거래의사가 있는 독립된 당사자간에 거래될 수 있는 교환가격을 말한다.

3. "내부거래"라 함은 재무제표를 작성하는 경우 상계되어야 하는 지방자치단체 내의 개별 회계실체간의 거래를 말한다.

4. "회계실체"란 재무제표를 작성하는 단위를 말하며, 다음 각 목과 같이 구분한다.

가. 개별 회계실체: 「지방재정법」 제9조에 따른 일반회계 및 특별회계와 「지방자치단체 기금관리기본법」 제2조에 따른 기금으로서 재무제표를 작성하는 최소 단위를 말한다.

나. 유형별 회계실체: 개별 회계실체를 그 성격이나 특성에 따라 유형별로 구분한 것으로서 그 유형은 제6조제1항의 구분에 따른다.

다. 통합 회계실체: 유형별 회계실체의 재무제표를 모두 통합하여 재무제표를 작성하는 단위로서 지방자치단체를 말한다.

제4조(재무보고의 목적) ①재무보고는 지방자치단체와 직간접적 이해관계가 있는 정보이용자가 재정활동 내용을 파악하여 합리적인 의사결정을 하는 데에 유용한 정보를 제공하는 것을 목적으로 한다.

②재무보고는 지방자치단체가 공공회계책임을 적절히 이행하였는가 여부를 평가하는 데에 필요한 다음 각호의 정보를 제공하여야 한다.

1. 재정상태·재정운영성과·현금흐름 및 순자산 변동에 관한 정보

2. 당기(當期)의 수입이 당기(當期)의 서비스를 제공하기에 충분하였는지 또는 미래의 납세자가 과거에

제공된 서비스에 대한 부담을 지게 되는지에 대한 기간간 형평성에 관한 정보
3. 예산과 그 밖의 관련 법규의 준수에 관한 정보

제5조(일반원칙) 지방자치단체의 회계처리와 재무보고는 발생주의·복식부기 방식에 의하며 다음 각 호의 일반원칙에 따라 이루어져야 한다.
1. 회계처리와 보고는 신뢰할 수 있도록 객관적인 자료와 증거에 의하여 공정하게 처리하여야 한다.
2. 재무제표의 양식 및 과목과 회계용어는 이해하기 쉽도록 간단명료하게 표시하여야 한다.
3. 중요한 회계방침과 회계처리기준·과목 및 금액에 관하여는 그 내용을 재무제표상에 충분히 표시하여야 한다.
4. 회계처리에 관한 기준과 추정은 기간별 비교가 가능하도록 기간마다 계속하여 적용하고 정당한 사유 없이 이를 변경하여서는 아니된다.
5. 회계처리를 하거나 재무제표를 작성할 때 과목과 금액은 그 중요성에 따라 실용적인 방법을 통하여 결정하여야 한다.
6. 회계처리는 거래의 사실과 경제적 실질을 반영할 수 있어야 한다.

제6조(유형별 회계실체의 구분 등) ①유형별 회계실체는 지방자치단체의 회계구분에 따라 일반회계, 기타특별회계, 기금회계 및 지방공기업특별회계로 구분한다.
②회계실체는 그 활동의 성격에 따라 행정형 회계실체와 사업형 회계실체로 구분할 수 있다.
1. 행정형 회계실체는 지방자치단체의 일반적이고 고유한 행정활동을 수행하는 회계실체를 말한다.
2. 사업형 회계실체는 개별적 보상관계가 적용되는 기업적인 활동을 주된 목적으로 하는 회계실체를 말한다.
③지방공기업특별회계는 「지방공기업법」에서 따로 정한 경우 이 기준을 적용하지 아니한다.

제2장 재무제표

제7조 삭제

제8조(재무제표) ① 재무제표는 지방자치단체의 재정상황을 표시하는 중요한 요소로서 재정상태표, 재정운영표, 현금흐름표, 순자산변동표, 주석(註釋)으로 구성된다.
② 재무제표의 부속서류는 필수보충정보와 부속명세서로 한다.

제9조(재무제표의 작성원칙) ①지방자치단체의 재무제표는 일반회계·기타특별회계·기금회계 및 지방공기업특별회계의 유형별 재무제표를 통합하여 작성한다. 이 경우 내부거래는 상계하고 작성한다.
② 유형별 회계실체의 재무제표를 작성할 때에는 해당 유형에 속한 개별 회계실체의 재무제표를 합산하여 작성한다. 이 경우 유형별 회계실체 안에서의 내부거래는 상계하고 작성한다.
③ 개별 회계실체의 재무제표를 작성할 때에는 지방자치단체 안의 다른 개별 회계실체와의 내부거래를 상계하지 아니한다. 이 경우 내부거래는 해당 지방자치단체에 속하지 아니한 다른 회계실체 등과의 거래와 동일한 방식으로 회계처리한다.
④재무제표는 당해 회계연도분과 직전 회계연도분을 비교하는 형식으로 작성되어야 한다. 이 경우 비교

식으로 작성되는 양 회계연도의 재무제표는 계속성의 원칙에 따라 작성되어야 하며 회계정책과 회계추
정의 변경이 발생한 경우에는 그 내용을 주석(註釋)으로 공시하여야 한다.
⑤「지방회계법」 제7조제1항에 따른 출납 폐쇄기한 내의 세입금 수납과 세출금 지출은 해당 회계연도의
거래로 처리한다.

제3장 재정상태표

제10조(재정상태표) ①재정상태표는 특정 시점의 회계실체의 자산과 부채의 내역 및 상호관계 등 재정
상태를 나타내는 재무제표로서 자산·부채 및 순자산으로 구성된다.
②제9조제1항에 따라 유형별 재무제표를 통합하여 작성하는 지방자치단체의 재무제표 중 재정상태표는
별지 제1호서식과 같다.

제11조(자산·부채 및 순자산의 정의) ① 자산은 과거의 거래나 사건의 결과로 현재 회계실체가 소유
(실질적으로 소유하는 경우를 포함한다) 또는 통제하고 있는 자원으로서 미래에 공공서비스를 제공할
수 있거나 직접적 또는 간접적으로 경제적 효익을 창출하거나 창출에 기여할 가능성이 매우 높은 자원
을 말한다.
②부채는 과거 사건의 결과로 회계실체가 부담하는 의무로서 그 이행을 위하여 미래에 자원의 유출이
예상되는 현재 시점의 의무를 말한다.
③순자산은 회계실체의 자산에서 부채를 뺀 나머지 금액을 말한다.

제12조(자산과 부채의 인식기준) ①자산은 미래에 공공서비스를 제공할 수 있거나 직접적 또는 간접적
으로 경제적 효익을 창출하거나 창출에 기여할 가능성이 매우 높고 그 가액을 신뢰성 있게 측정할 수 있
을 때에 인식한다.
②문화재, 예술작품, 역사적 문건 및 자연자원은 자산으로 인식하지 아니하고 필수보충정보의 관리책임
자산으로 보고한다.
③부채는 회계실체가 부담하는 현재의 의무를 이행하기 위하여 경제적 효익이 유출될 것이 거의 확실하
고 그 금액을 신뢰성 있게 측정할 수 있을 때에 인식한다.

제13조(재정상태표의 작성기준) ①자산과 부채는 유동성이 높은 항목부터 배열하는 것을 원칙으로 한다.
②자산과 부채는 총액에 따라 적는 것을 원칙으로 하고, 자산의 항목과 부채 또는 순자산의 항목을 상
계함으로써 그 전부 또는 일부를 재정상태표에서 제외하여서는 아니된다.
③가지급금이나 가수금 등의 미결산항목은 그 내용을 나타내는 적절한 과목으로 표시하고, 비망계정(어
떤 경제활동의 발생을 기억하기 위해 기록하는 계정을 말한다)은 재정상태표의 자산 또는 부채항목으
로 표시하지 않는다.

제14조(자산의 분류) ①자산은 유동자산, 투자자산, 일반유형자산, 주민편의시설, 사회기반시설, 기타비
유동자산으로 분류한다.
② 삭제

제15조(유동자산) 유동자산은 회계연도 종료 후 1년 내에 현금화가 가능하거나 실현될 것으로 예상되는 자산으로서 현금 및 현금성 자산, 단기금융상품, 미수세금, 미수세외수입금 등을 말한다.

제16조(투자자산) 투자자산은 회계실체가 투자하거나 권리행사 등의 목적으로 보유하고 있는 비유동자산으로서 장기금융상품, 장기융자금, 장기투자증권 등을 말한다.

제17조(일반유형자산) 일반유형자산은 공공서비스의 제공을 위하여 1년 이상 반복적 또는 계속적으로 사용되는 자산으로서 토지, 건물, 입목 등을 말한다.

제18조(주민편의시설) 주민편의시설은 주민의 편의를 위하여 1년 이상 반복적 또는 계속적으로 사용되는 자산으로서 도서관, 주차장, 공원, 박물관 및 미술관 등을 말한다.

제19조(사회기반시설) 사회기반시설은 초기에 대규모 투자가 필요하고 파급효과가 장기간에 걸쳐 나타나는 지역사회의 기반적인 자산으로서 도로, 도시철도, 상수도시설, 수질정화시설, 하천부속시설 등을 말한다.

제20조(기타비유동자산) 기타비유동자산은 유동자산, 투자자산, 일반유형자산, 주민편의시설, 사회기반시설에 속하지 아니하는 자산으로서 보증금, 무형자산 등을 말한다.

제21조(부채의 분류) 부채는 유동부채, 장기차입부채 및 기타비유동부채로 분류한다.

제22조(유동부채) 유동부채는 회계연도 종료 후 1년 이내에 상환되어야 하는 부채로서 단기차입금, 유동성 장기차입부채 등을 말한다.

제23조(장기차입부채) 장기차입부채는 회계연도 종료 후 1년 이후에 만기가 되는 차입부채로서 장기차입금, 지방채증권 등을 말한다.

제24조(기타비유동부채) 기타비유동부채는 유동부채와 장기차입부채에 속하지 않는 부채로서 퇴직급여충당부채, 장기예수보증금, 장기 선수수익(先受收益: 대가의 수익은 이루어졌으나 수익의 귀속시기가 차기 이후인 수익을 말한다) 등을 말한다.

제25조(순자산의 분류) ①순자산은 지방자치단체의 기능과 용도를 기준으로 고정순자산, 특정순자산 및 일반순자산으로 분류한다.
②고정순자산은 일반유형자산, 주민편의시설, 사회기반시설 및 무형자산의 투자액에서 그 시설의 투자재원을 마련할 목적으로 조달한 장기차입금 및 지방채증권 등을 뺀 금액으로 한다.
③특정순자산은 채무상환 목적이나 적립성기금의 원금과 같이 그 사용목적이 특정되어 있는 재원과 관련된 순자산을 말한다.
④일반순자산은 고정순자산과 특정순자산을 제외한 나머지 금액을 말한다.

제26조(재정운영표) ① 재정운영표는 회계연도 동안 회계실체가 수행한 사업의 원가와 회수된 원가 정보를 포함한 재정운영결과를 나타내는 재무제표를 말한다.

② 재정운영표는 다음 각 호와 같이 구분하여 표시한다.

1. 사업순원가: 가목에 따른 총원가에서 나목에 따른 사업수익을 빼서 표시한다.

가. 총원가: 사업을 수행하기 위하여 투입한 원가에서 다른 사업으로부터 배부받은 원가를 더하고, 다른 사업에 배부한 원가를 뺀 것

나. 사업수익: 사업의 수행과정에서 발생하거나 사업과 관련하여 국가·지방자치단체 등으로부터 얻은 수익

2. 재정운영순원가: 제1호에 따른 사업순원가에서 가목 및 나목의 비용은 더하고, 다목의 수익을 빼서 표시한다.

가. 관리운영비: 조직의 일반적이고 기본적인 기능을 수행하는 데 필요한 인건비, 기본경비 및 운영경비

나. 비배분비용: 임시적·비경상적으로 발생한 비용 및 사업과 직접적 또는 간접적 관련이 없어 제1호가목에 따른 총원가에 배분하는 것이 합리적이지 아니한 비용

다. 비배분수익: 임시적·비경상적으로 발생한 수익 및 사업과 직접적 관련이 없어 제1호나목의 사업수익에 합산하는 것이 합리적이지 아니한 수익

3. 재정운영결과: 제2호의 재정운영순원가에서 제30조에 따른 수익을 뺀 것

③ 제9조제1항에 따라 유형별 재무제표를 통합하여 작성하는 지방자치단체의 재무제표 중 재정운영표는 별지 제2호서식에 따른다.

④ 제3항에 따른 지방자치단체의 재정운영표에 제2항제1호가목에 따른 총원가와 같은 항 같은 호 나목에 따른 사업수익을 표시할 때 그 세부 항목은 「지방재정법 시행령」 제47조제2항에 따른 과목의 구분에 따른다.

제27조(수익과 비용의 정의) ①수익은 자산의 증가 또는 부채의 감소를 초래하는 회계연도 동안의 거래로 생긴 순자산의 증가를 말한다. 다만, 「공유재산 및 물품 관리법」제12조에 따른 회계 간의 재산 이관(이하 "회계 간의 재산 이관"이라 한다), 같은 법 제63조에 따른 물품 소관의 전환(이하 "물품 소관의 전환"이라 한다), 기부채납 등으로 생긴 순자산의 증가는 수익에 포함하지 아니한다.

②비용은 자산의 감소나 부채의 증가를 초래하는 회계연도 동안의 거래로 생긴 순자산의 감소를 말한다. 다만, 회계 간의 재산 이관, 물품 소관의 전환 등으로 생긴 순자산의 감소는 비용에 포함하지 아니한다.

제28조(수익과 비용의 인식기준) ①수익은 다음과 같이 인식한다.

1. 교환거래로 생긴 수익은 재화나 서비스 제공의 반대급부로 생긴 사용료, 수수료 등으로서 수익창출활동이 끝나고 그 금액을 합리적으로 측정할 수 있을 때에 인식한다.

2. 비교환거래로 생긴 수익은 직접적인 반대급부 없이 생기는 지방세, 보조금, 기부금 등으로서 해당수익에 대한 청구권이 발생하고 그 금액을 합리적으로 측정할 수 있을 때에 인식한다.

②비용은 다음과 같이 인식한다.

1. 교환거래에 따르는 비용은 반대급부로 발생하는 급여, 지급수수료, 임차료, 수선유지비 등으로서 대가를 지급하는 조건으로 민간부문이나 다른 공공부문으로부터 재화와 서비스의 제공이 끝나고 그 금액을 합리적으로 측정할 수 있을 때에 인식한다.

2. 비교환거래에 의한 비용은 직접적인 반대급부 없이 발생하는 보조금, 기부금 등으로서 가치의 이전에 대한 의무가 존재하고 그 금액을 합리적으로 측정할 수 있을 때에 인식한다.

제29조(재정운영표의 작성기준) ① 재정운영표의 모든 수익과 비용은 발생주의 원칙에 따라 거래나 사실이 발생한 기간에 표시한다.

②수익과 비용은 그 발생원천에 따라 명확하게 분류하여야 하며, 해당 항목의 중요성에 따라 별도의 과목으로 표시하거나 다른 과목과 통합하여 표시할 수 있다. 이 경우 해당 항목의 중요성은 금액과 질적 요소를 고려하여 판단하여야 한다.

③ 삭제

제29조의2(원가계산) ① 원가는 회계실체가 사업의 목표를 달성하고 성과를 창출하기 위하여 직접적·간접적으로 투입한 경제적 자원의 가치를 말한다.

② 원가의 계산에 관한 세부적인 사항은 행정안전부장관이 정하는 바에 따른다.

제30조(수익의 구분) 수익은 재원조달의 원천에 따라 다음 각 호와 같이 구분한다.

1. 자체조달수익: 지방자치단체가 독자적인 과세 권한과 자체적인 징수활동을 통하여 조달한 수익
2. 정부간이전수익: 회계실체가 국가 또는 다른 지방자치단체로부터 이전받은 수익
3. 기타수익: 제1호 및 제2호에 따른 수익 외의 수익

제31조~제34조 삭제

제5장 현금흐름표

제35조(현금흐름표) ①현금흐름표는 회계연도 동안의 현금자원의 변동에 관한 정보로서 자금의 원천과 사용결과를 표시하는 재무제표로서 경상활동, 투자활동 및 재무활동으로 구성된다.

②현금흐름표는 별지 제3호서식과 같다.

제36조(현금흐름의 구분) ①경상활동은 지방자치단체의 행정서비스와 관련된 활동으로서 투자활동과 재무활동에 속하지 아니하는 거래를 말한다.

②투자활동은 자금의 융자와 회수, 장기투자증권·일반유형자산·주민편의시설·사회기반시설 및 무형자산의 취득과 처분 등을 말한다.

③재무활동은 자금의 차입과 상환, 지방채의 발행과 상환 등을 말한다.

제37조(현금흐름표의 작성기준) ①현금흐름표는 회계연도 중의 순현금흐름에 회계연도 초의 현금을 더하여 회계연도 말 현재의 현금을 산출하는 형식으로 표시한다.

②현금의 유입과 유출은 회계연도 중의 증가나 감소를 상계하지 아니하고 각각 총액으로 적는다. 다만, 거래가 잦아 총 금액이 크고 단기간에 만기가 도래하는 경우에는 순증감액으로 적을 수 있다.

③현물출자로 인한 유형자산 등의 취득, 유형자산의 교환 등 현금의 유입과 유출이 없는 거래 중 중요한 거래에 대하여는 주석(註釋)으로 공시한다.

제38조(순자산변동표) ①순자산변동표는 회계연도 동안의 순자산의 증감 내역을 표시하는 재무제표로서 재정운영결과와 순자산의 변동을 기재한다.

②제9조제1항에 따라 유형별 재무제표를 통합하여 작성하는 지방자치단체의 재무제표 중 순자산변동표는 별지 제4호서식과 같다.

제39조(순자산의 증가와 감소) ①순자산의 증가사항은 회계 간의 재산 이관, 물품 소관의 전환, 양여·기부 등으로 생긴 자산증가를 말한다.

②순자산의 감소사항은 회계 간의 재산 이관, 물품 소관의 전환, 양여·기부 등으로 생긴 자산감소를 말한다.

제7장 주석

제40조 삭제

제41조(주석) ①주석(註釋)은 정보이용자에게 충분한 회계정보를 제공하기 위하여 채택한 중요한 회계정책, 회계과목의 세부내역 및 재무제표에 중대한 영향을 미치는 사항을 설명한 것을 말한다.

②이 규칙에서 규정한 주석(註釋)사항 외에 필요한 경우에는 다음 각 호의 사항을 주석(註釋)으로 공시한다.

1. 지방자치단체 회계실체간의 주요 거래내용

2. 삭제

3. 타인을 위하여 제공하고 있는 담보보증의 내용

4. 천재지변, 중대한 사고, 파업, 화재 등에 관한 내용과 결과

5. 채무부담행위 및 보증채무부담행위의 종류와 구체적 내용

6. 무상사용허가권이 주어진 기부채납자산의 세부내용

7. 그 밖의 사항으로서 재무제표에 중대한 영향을 미치는 사항과 재무제표의 이해를 위하여 필요한 사항

③ 제1항 및 제2항에서 규정한 사항 외에 주석의 내용과 서식은 행정안전부장관이 정한다.

제7장의2 필수보충정보 및 부속명세서

제42조(필수보충정보) ①필수보충정보는 재무제표의 내용을 보완하고 이해를 돕기 위하여 필수적으로 제공되어야 하는 정보를 말한다.

②필수보충정보는 다음 각 호의 정보를 말한다.

1. 예산결산요약표

2. 별지 제5호서식의 재정운영표(성질별)

2의2. 별지 제6호서식의 재정운영표(일반회계)

2의3. 별지 제7호서식의 재정운영표

3. 관리책임자산

4. 예산회계와 재무회계의 차이에 대한 명세서

5. 그 밖에 재무제표에는 반영되지 아니하였으나 중요하다고 판단되는 정보

③제2항의 예산결산요약표 및 예산회계와 재무회계의 차이에 대한 명세서는 예산결산이 완료된 후에 첨부할 수 있다.

제43조(부속명세서) 부속명세서는 재무제표에 표시된 회계과목에 대한 세부내역을 명시할 필요가 있을 때에 제공되어야 하는 추가적인 정보를 말한다.

제44조(필수보충정보 및 부속명세서의 작성지침) 제42조 및 제43조에 따른 필수보충정보 및 부속명세서의 내용과 서식은 행정안전부장관이 정한다.

제8장 자산 및 부채의 평가

제45조(자산의 평가기준) ①재정상태표에 기록하는 자산의 가액은 해당 자산의 취득원가를 기초로 하여 계상함을 원칙으로 한다. 다만, 다음 각 호의 자산의 가액은 해당 가액을 취득원가로 한다.

1. 교환, 기부채납, 그 밖에 무상으로 취득한 자산의 가액: 공정가액

2. 회계 간의 재산 이관이나 물품 소관의 전환으로 취득한 자산의 가액: 직전(直前) 회계실체의 장부가액

②재정상태표에 기재하는 자산은 자산의 진부화, 물리적인 손상 및 시장가치의 급격한 하락 등의 원인으로 인하여 해당 자산의 회수가능가액이 장부가액에 미달하고 그 미달액이 중요한 경우에는 이를 장부가액에서 직접 차감하여 회수가능가액으로 조정하고 감액내역을 주석(註釋)으로 공시한다. 이 경우 회수가능가액은 해당 자산의 순 실현가능액과 사용가치 중 큰 금액으로 한다.

제46조(미수세금 등의 평가) ①미수세금은 합리적이고 객관적인 기준에 따라 평가하여 대손충당금을 설정하고 이를 미수세금 금액에서 차감하는 형식으로 표시하며, 대손충당금의 내역은 주석(註釋)으로 공시한다.

②미수세외수입금, 단기대여금, 장기대여금 등에 관하여는 제1항의 규정을 준용한다.

제47조(재고자산의 평가) 재고자산은 구입가액에 부대비용을 더하고 이에 선입선출법을 적용하여 산정한 가액을 취득원가로 한다. 다만, 실물흐름과 원가산정방법 등에 비추어 다른 방법을 적용하는 것이 보다 합리적이라고 인정되는 경우에는 개별법, 이동평균법 등을 적용하고 그 내용을 주석(註釋)으로 공시한다.

제48조(장기투자증권의 평가) 장기투자증권은 매입가격에 부대비용을 더하고 이에 종목별로 총평균법을 적용하여 산정한 취득원가로 평가함을 원칙으로 한다.

제49조(일반유형자산과 주민편의시설의 평가) ①일반유형자산과 주민편의시설은 당해 자산의 건설원가나 매입가액에 부대비용을 더한 취득원가로 평가함을 원칙으로 한다.

②일반유형자산과 주민편의시설 중 상각대상 자산에 대한 감가상각은 정액법을 원칙으로 한다.

③ 일반유형자산과 주민편의시설에 대한 사용수익권은 해당 자산의 차감항목으로 표시한다.

제50조(사회기반시설의 평가) ①사회기반시설의 평가에 관하여는 제49조의 규정을 준용한다.

②사회기반시설 중 유지보수를 통하여 현상이 유지되는 도로, 도시철도, 하천부속시설 등은 감가상각 대상에서 제외할 수 있으며, 유지보수에 투입되는 비용과 감가상각을 하지 아니한 이유를 주석(註釋)으로 공시한다.

③ 사회기반시설에 대한 사용수익권은 해당 자산의 차감항목으로 표시한다.

제51조(무형자산의 평가) ①무형자산은 당해 자산의 개발원가나 매입가액에 취득부대비용을 더한 가액을 취득원가로 한다.

②무형자산은 정액법에 따라 당해 자산을 사용할 수 있는 시점부터 합리적인 기간동안 상각한다. 다만, 독점적·배타적인 권리를 부여하는 관계법령이나 계약에서 정한 경우를 제외하고는 20년을 넘을 수 없다.

제52조(자본적 지출과 경상적 지출) 자산취득 이후의 지출 중 당해 자산의 내용연수를 연장시키거나 가치를 실질적으로 증가시키는 지출은 자본적 지출로 처리하고, 당해 자산을 원상회복시키거나 능률유지를 위한 지출은 경상적 지출로 처리한다.

제53조(부채의 평가기준) 부채의 가액은 회계실체가 지급의무를 지는 채무액을 말하며, 채무액은 이 규칙에서 정하는 것을 제외하고는 만기상환가액으로 함을 원칙으로 한다.

제54조(지방채증권의 평가) ①지방채증권은 발행가액으로 평가하되, 발행가액은 지방채증권 발행수수료 및 발행과 관련하여 직접 발생한 비용을 뺀 후의 가액으로 한다.

②지방채증권의 액면가액과 발행가액의 차이는 지방채할인 또는 할증 발행차금으로 하고, 할인 또는 할증 발행차금은 증권 발행시부터 최종 상환시까지의 기간에 유효이자율 등으로 상각 또는 환입하고 그 상각액 또는 환입액은 지방채증권에 대한 이자비용에 더하거나 뺀다.

제55조(퇴직급여충당 부채의 평가) ①퇴직급여충당 부채는 회계연도말 현재 「공무원연금법」을 적용받는 지방공무원을 제외한 무기계약근로자 등이 일시에 퇴직할 경우 지방자치단체가 지급하여야 할 퇴직금에 상당한 금액으로 한다.

②퇴직금 지급규정, 퇴직금 산정내역, 회계연도 중 실제로 지급한 퇴직금 등은 주석(註釋)으로 공시한다.

제56조(채권·채무의 현재가치에 따른 평가) ①장기연불조건의 매매거래, 장기금전대차거래 또는 이와 유사한 거래에서 발생하는 채권·채무로서 명목가액과 현재가치의 차이가 중요한 경우에는 이를 현재가치로 평가한다.

②제1항의 현재가치는 당해 채권·채무로 인하여 받거나 지급할 총금액을 적절한 이자율로 할인한 가액으로 한다.

③제2항의 적절한 할인율은 당해 거래의 유효이자율을 적용한다. 다만, 당해 거래의 유효이자율을 확인하기 어려운 경우에는 유사한 조건의 국채수익률을 적용한다.

④제1항에 따라 발생하는 채권·채무의 명목가액과 현재가치의 차액은 현재가치 할인차금의 과목으로 하여 당해 채권·채무의 명목가액에서 빼는 방식으로 기록하고 적용한 할인율, 기간 및 회계처리방법 등은 주석(註釋)으로 공시한다.

제57조(외화자산과 외화부채의 평가) ①화폐성 외화자산과 화폐성 외화부채는 회계연도 종료일 현재의 적절한 환율로 평가한 가액을 재정상태표 가액으로 한다.

②비화폐성 외화자산과 비화폐성 외화부채는 해당 자산을 취득하거나 해당 부채를 부담한 당시의 적절한 환율로 평가한 가액을 재정상태표 가액으로 함을 원칙으로 한다.

③화폐성 외화자산과 화폐성 외화부채는 외화예금, 외화융자금, 외화차입금 등과 같이 화폐가치의 변동과 상관없이 자산과 부채금액이 계약 및 기타의 원인에 의하여 일정액의 화폐액으로 고정되어 있는 경우의 당해 자산과 부채를 말한다.

제58조(리스에 따른 자산과 부채의 평가) ①리스는 지방자치단체가 일정기간 설비 등 특정 자산의 사용권을 리스회사로부터 이전 받고, 그 대가로 사용료를 지급하는 계약을 말한다.

② 리스는 금융리스와 운용리스로 구분하며, 금융리스는 리스자산의 소유에 따른 위험과 효익이 실질적으로 리스이용자에게 이전되는 리스이고, 운용리스는 금융리스 외의 리스를 말한다.

③ 금융리스는 리스료를 내재이자율로 할인한 가액과 리스자산의 공정가액 중 낮은 금액을 리스자산과 리스부채로 각각 계상하여 감가상각하고, 운용리스는 리스료를 해당 회계연도의 비용으로 회계처리한다.

제59조(우발상황) ①우발상황은 미래에 어떤 사건이 발생하거나 발생하지 아니함으로 인하여 궁극적으로 확정될 손실 또는 이익으로서 발생여부가 불확실한 현재의 상태 또는 상황을 말한다.

②우발상황에는 진행 중인 소송사건, 채무에 대한 지급보증, 배상책임 등이 포함되며, 우발상황은 다음 각 호와 같이 처리한다.

1. 재정상태표 보고일 현재 우발손실의 발생이 확실하고 그 손실금액을 합리적으로 추정할 수 있는 경우: 우발손실을 재무제표에 반영하고 그 내용을 주석으로 표시

2. 재정상태표 보고일 현재 우발손실의 발생이 확실하지 아니하거나 우발손실의 발생은 확실하지만 그 손실금액을 합리적으로 추정할 수 없는 경우: 우발상황의 내용, 우발손실에 따른 재무적 영향을 주석으로 표시

3. 우발이익의 발생이 확실하고 그 이익금액을 합리적으로 추정할 수 있는 경우: 우발상황의 내용을 주석으로 표시

제60조(회계변경과 오류수정) ①회계정책과 회계추정의 변경(이하 "회계변경"이라 한다)은 그 변경으로 재무제표를 보다 적절히 표시할 수 있는 경우 또는 법령 등에서 새로운 회계기준을 채택하거나 기존의 회계기준을 폐지하여 변경이 불가피한 경우에 할 수 있으며, 그 유형에 따라 다음 각 호와 같이 처리한다.

1. 회계정책의 변경에 따른 영향은 비교표시되는 직전 회계연도의 기초순자산 및 그 밖의 대응금액을 새로운 회계정책이 처음부터 적용된 것처럼 조정한다. 다만, 회계정책의 변경에 따른 누적효과를 합리적으로 추정하기 어려운 경우에는 회계정책의 변경에 따른 영향을 해당 회계연도와 그 회계연도 후의 기간에 반영할 수 있다.

2. 회계추정의 변경에 따른 영향은 해당 회계연도 후의 기간에 미치는 것으로 한다.

3. 회계정책 또는 회계추정을 변경한 경우에는 그 변경내용, 변경사유 및 변경이 해당 회계연도의 재무제표에 미치는 영향을 주석으로 표시한다.

② 오류의 수정은 전년도 이전에 발생한 회계기준적용의 오류, 추정의 오류, 계정분류의 오류, 계산상의 오류, 사실의 누락 및 사실의 오용 등을 수정하는 것으로서 다음 각 호의 구분에 따라 처리한다.

1. 중대한 오류: 오류가 발생한 회계연도 재정상태표의 순자산에 반영하고, 관련된 계정잔액을 수정한다. 이 경우 비교재무제표를 작성할 때에는 중대한 오류의 영향을 받는 회계기간의 재무제표 항목을 다시 작성한다.
2. 제1호 외의 오류: 해당 회계연도의 재정운영표에 반영한다.
③ 회계변경과 오류수정의 회계처리에 대한 사항은 주석으로 표시하되, 제2항제1호에 따른 중대한 오류를 수정한 경우에는 다음 각 호의 사항을 주석으로 포함한다.
1. 중대한 오류로 판단한 근거
2. 비교재무제표에 표시된 과거회계기간에 대한 수정금액
3. 비교재무제표가 다시 작성되었다는 사실

제61조(재정상태표 보고일 이후 발생한 사건) ① 재정상태표 보고일 이후 발생한 사건의 회계처리에 대해서는 행정안전부장관이 정한다.
② 재정상태표 보고일 이후 발생한 사건은 회계연도의 말일인 재정상태표 보고일과 「지방회계법」 제7조제3항에 따른 출납사무 완결기한 사이에 발생한 사건으로서 재정상태표 보고일 현재 존재하였던 상황에 대한 추가적 증거를 제공하는 사건을 말한다.

사경인
프레임회계학
정부회계

사경인
프레임회계학
정부회계

사경인
프레임회계학
정부회계